Testamentsgestaltung mit Supervermächtnis
Ist das Supervermächtnis ein erbrechtliches
Gestaltungsinstrument der Superlative?

Forschungen zum deutschen und internationalen Erb- und Familienrecht

Herausgegeben von Christina Eberl-Borges und Rudolf Meyer-Pritzl

18

PETER LANG

Berlin - Bruxelles - Chennai - Lausanne - New York - Oxford

Sarah Isabell Lipski

Testamentsgestaltung mit Supervermächtnis

Ist das Supervermächtnis ein erbrechtliches
Gestaltungsinstrument der Superlative?

PETER LANG

Berlin - Bruxelles - Chennai - Lausanne - New York - Oxford

Bibliografische Information der Deutschen Nationalbibliothek
Die Deutsche Nationalbibliothek verzeichnet diese Publikation
in der Deutschen Nationalbibliografie; detaillierte bibliografische
Daten sind im Internet über http://dnb.d-nb.de abrufbar.

Zugl.: Kiel, Univ., Diss., 2024

D 8
ISSN 1868-694X
ISBN 978-3-631-91176-1 (Print)
E-ISBN 978-3-631-91177-8 (E-PDF)
E-ISBN 978-3-631-91178-5 (E-PUB)
DOI 10.3726/b21385

© 2024 Peter Lang Group AG, Lausanne
Verlegt durch Peter Lang GmbH, Berlin, Deutschland

info@peterlang.com http://www.peterlang.com/

Diese Publikation wurde begutachtet.

Inhaltsverzeichnis

Vorwort

Ich bedanke mich außerordentlich bei meinem Doktorvater, Prof. Dr. Rudolf Meyer-Pritzl, für die umfassende Unterstützung und persönliche Betreuung. Ebenfalls gilt mein großer Dank der Kanzlei Dr. Erk Völschau, die mich auf meinem Weg begleitet sowie unterstützt hat und für welche ich seit über 10 Jahren tätig sein darf. Abschließend danke ich meiner Familie von ganzem Herzen, die immer an meiner Seite ist und insbesondere bei meiner Dissertation eine große Stütze war.

Holm, im Dezember 2023   Dr. Sarah Isabell Lipski

Einleitung

Das Vermächtnis – auch als Legat[1] bezeichnet – war bereits im römischen Recht bekannt und erlebt nun, im 21. Jahrhundert, eine bemerkenswerte Renaissance. Ob in der Rechtsprechung, Lehre oder Rechtspraxis, das Vermächtnis in seiner besonderen Ausgestaltung ist in aller Munde.

Die besondere Ausgestaltung des Vermächtnisses in Form eines *Supervermächtnisses* verschafft dem schon lange angebotenen Gestaltungsmittel – Vermächtnis – eine neue und starke Präsenz. Die Resonanzen hierauf reichen von Begeisterung bis hin zu scharfer Kritik.

In dieser Abhandlung erörtere ich, ob diese besondere Gestaltungsform des Vermächtnisses tatsächlich ein erbrechtliches Gestaltungsinstrument der Superlative darstellt.

---

1   Aus dem Lateinischen legatum.

1. Teil Das Supervermächtnis – ein Problemaufriss

Das Supervermächtnis – als entwickeltes Rechtsinstitut der Praxis – wurde erstmalig vor mehr als zwanzig Jahren vom Notar Siegfried Schmidt aus Stuttgart und im Anschluss u.a. vom Notar und Rechtsanwalt Ebeling aus Hannover erwähnt.[2]

A. Grundlagen des Supervermächtnisses

Der folgende Abschnitt widmet sich der Entwicklung des Supervermächtnisses. Dies beinhaltet eine Auseinandersetzung mit der Begrifflichkeit des Supervermächtnisses, eine detaillierte Betrachtung der verschiedenen Vermächtnisarten, deren Ausgestaltung sowie deren gesetzlichen Grundlagen.

I. Definitionen

a) Das Vermächtnis

Das Vermächtnis in seiner einfachen und ursprünglichen Form ist in § 1939 BGB legal definiert:

> „Der Erblasser kann durch Testament einem anderen, ohne ihn als Erben einzusetzen, einen Vermögensvorteil zuwenden (Vermächtnis)."

Die Norm dient insbesondere der Klarstellung des Begriffs des Vermächtnisses im Gegensatz zur Erbeinsetzung und normiert die Zulässigkeit desselben.[3] Ein Vermächtnis ist als Verfügung von Todes wegen zu verstehen, durch welche der Erblasser dem Bedachten einen Anspruch auf eine Leistung gegen den beschwerten Erben oder Vermächtnisnehmer zuwendet.[4]

Durch das Legat kann ein einzelner Vermögensvorteil zugewendet werden, welcher in einer Sache oder einem Recht bestehen kann. Das Vermächtnis

---

2 *Siegfried Schmidt* BWNotZ 1998, 97, 101 noch ohne die Bezeichnung Supervermächtnis; im Anschluss *Ebeling* ZEV 2000, 87; erste Anfänge in Richtung der Entwicklung des Supervermächtnisses vgl. *Keller*, FHZivR 16 Nr. 3106.
3 MüKoBGB / *Leipold* § 1939 Rn. 1.
4 MüKoBGB / *Leipold* § 1939 Rn. 3.

begründet keine unmittelbare Rechtsnachfolge; mit Anfall des Vermächtnisses geht dieses nicht in das Vermögen des Vermächtnisnehmers über. Die Zuwendung eines Vermächtnisses wirkt nicht unmittelbar dinglich, vielmehr hat der Vermächtnisnehmer lediglich einen schuldrechtlichen Anspruch gegen den beschwerten Erben. Dies ergibt sich zwar nicht aus dem Begriff des Vermächtnisses in § 1939 BGB, jedoch aus dem Vergleich mit der Auflage, § 1940 BGB, für die das Fehlen eines Forderungsrechtes des Leistungsempfängers zentral ist, und vornehmlich aus den §§ 2174 ff. BGB.[5]

Durch den Erbfall wird für den durch ein Vermächtnis Bedachten das Recht begründet, von dem Beschwerten die Leistung des vermachten Gegenstandes zu fordern, § 2174 BGB. Diese Konstellation wird als sogenanntes Damnationslegat bezeichnet, im Gegensatz zu dem sogenannten Vindikationslegat, bei welchem ein automatischer Rechtserwerb stattfindet.[6]

Der Vermächtnisanspruch unterliegt der Regelverjährung. Hiervon kann jedoch durch letztwillige Verfügung abgewichen werden. Höchstens darf diese jedoch 30 Jahre ab dem gesetzlichen Verjährungsbeginn betragen (§ 202 Abs. 2 BGB).[7]

b) Das Supervermächtnis

Das Supervermächtnis ist als die Kumulierung mehrerer Vermächtnisarten bzw. Drittbestimmungsrechte zu verstehen. Der bereits in der rechtswissenschaftlichen Praxis und Lehre bestehende Begriff Supervermächtnis wird als Arbeitstitel verwandt. Eine schlussendliche kritische Betrachtung des Begriffes „Supervermächtnis" ist dem Ergebnis dieser Arbeit vorbehalten.

Der Hauptanwendungsfall des Supervermächtnisses ist eine Optimierung des Ehegattentestaments mit gegenseitiger Erbeinsetzung der Eheleute unter Zugrundelegung der Einheitslösung. Dies wird im überwiegend praktizierten juristischen Sprachgebrauch als „Berliner Testament" bezeichnet.[8]

Bei der Einheitslösung vereinigt sich beim Ableben des zuerst versterbenden Ehegatten dessen Nachlass mit dem Eigenvermögen des überlebenden Ehepartners. Der überlebende Ehegatte wird voller Eigentümer des Nachlasses mit unbeschränkter Verfügungsbefugnis unter Lebenden. In der Folge vererbt

---

5   Staudinger / *Otte* (2017) § 1939 Rn. 3; *Fuchs* / Creifelds Rechtswörterbuch, Stichwort: Vermächtnis.

6   *Bredemeyer* ZErb 2017, 343, 343.

7   *Bredemeyer* ZErb 2017, 343, 343.

8   MüKoBGB / *Musielak* § 2269 Rn. 11.

er dasjenige, was von seinem Vermögen in diesem Sinne übrig bleibt, und zwar als sein eigenes Vermögen.[9]

Beispiel Berliner Testament (Kurzform):

Gemeinschaftliches Testament

Wir, die Eheleute ***, geboren ***, wohnhaft ***, haben am *** vor dem Standesamt in *** die Ehe geschlossen und leben seitdem im gesetzlichen Güterstand der Zugewinngemeinschaft.

Die in unserem Testament getroffenen Verfügungen für den 1. und 2. Todesfall sind vollumfänglich wechselbezüglich und bindend.

Wir setzen uns gegenseitig zu Alleinerben ein.

Erbe des Längstlebenden von uns wird unser Kind / Kinder, Name ***, geboren ***, wohnhaft ***.

_____

Datum / Unterschriften Ehegatten

Das Berliner Testament ist eine der bekanntesten und beliebtesten Gestaltungsformen letztwilliger Verfügungen sowohl bei nicht juristisch beratenen Personen als auch in der juristischen Gestalterpraxis. Mandanten haben oft schnell ein Muster aus dem Internet heruntergeladen und fühlen sich vermeintlich mit dem Standardmuster des Berliner Testaments gut bedient.

Dem können jedoch erhebliche steuerliche und damit wirtschaftliche Nachteile entgegenstehen. Infolge der dargestellten Einheitslösung ergibt sich die steuerliche Konsequenz, dass beim Überschreiten der Erbschaftsteuerfreibeträge gem. §§ 15, 16 ErbStG das Vermögen des zuerst Versterbenden zweimal besteuert werden könnte: zum einen beim Erwerb des länger lebenden Ehegatten und zum anderen beim Erwerb durch die Abkömmlinge des Schlusserben. Bei dieser Konstellation bleiben die Erbschaftsteuerfreibeträge der Abkömmlinge nach dem Erstversterbenden ungenutzt. Das Vermögen beim Letztversterbenden ist entsprechend erhöht, welches die Konsequenz hat, dass beim Versterben des zweiten Ehepartners gegebenenfalls die Freibeträge überschritten werden und eine teilweise erhebliche Erbschaftsteuer zu zahlen wäre.

Diese Nachteile lassen sich durch die Kumulierung von Vermächtnissen verkleinern. Der länger lebende Ehegatte wird mit einem Vermächtnis zugunsten der Abkömmlinge belastet, welches den Zweck verfolgt, diese abzufinden und nach Möglichkeit die steuerlichen Freibeträge optimal auszunutzen. Hierbei

_____

9 *Langefeld* JuS 2002, 351, 351.

werden dem länger lebenden Ehegatten Gestaltungsmöglichkeiten durch entsprechende Vermächtnisregelungen eingeräumt, sodass dieser Bestimmungen zu Gegenstand, Bedingungen, Zeitpunkt der Erfüllung, zur Auswahl der Vermächtnisnehmer aus dem Kreis der Abkömmlinge sowie zum Anteil am Gesamtvermächtnis treffen darf. Durch die Gestaltung des Supervermächtnisses kann beim Ehegattentestament dem Versorgungsziel der Eheleute entsprochen werden und gleichermaßen dem überlebenden Ehegatten ein hohes Maß an Flexibilität und Anpassungsmöglichkeiten an veränderte Umstände ermöglicht werden und dies bei gleichzeitiger Steueroptimierung.

Beispiel:
Die Eheleute haben folgende Vermögen: Der Ehemann € 550.000 und die Ehefrau € 250.000. Sie haben eine gemeinsame Tochter. Der Ehemann verstirbt zuerst. Die Tochter macht keinen Pflichtteil geltend.

Beim klassischen Berliner Testament würde beim 1. Erbfall die Ehefrau € 550.000 erben. Damit wird bereits beim 1. Erbfall Erbschaftsteuer ausgelöst, da die Ehefrau einen Erbschaftsteuerfreibetrag in Höhe von € 500.000 (§ 16 ErbStG) hat[10], welcher um € 50.000 überschritten ist und eine Erbschaftsteuer in Höhe € 3.500 auslöst (§ 19 ErbStG). Das gesamte Vermögen in Höhe von € 800.000 vereint sich durch den 1. Erbfall bei der Ehefrau.

Verstirbt diese, erbt ihre Tochter € 800.000 und muss, da diese einen Erbschaftsteuerfreibetrag von € 400.000 (§ 16 ErbStG) hat, € 400.000 versteuern und damit € 60.000 Steuern zahlen (§ 19 ErbStG). Der Erbschaftsteuerfreibetrag nach ihrem Vater, ebenfalls € 400.000, bleibt ungenutzt.

Durch eine Gestaltung mittels Supervermächtnis kann die Erbschaftsteuer in vorliegendem Beispielfall komplett vermieden werden, wie im weiteren Verlauf gezeigt werden wird.

II. Rechtliche Grundlagen

Aus dem Kern des Supervermächtnisses als *mixtum compositum* aus diversen Vermächtnisarten ergibt sich die dogmatische Struktur desselbigen.[11] Im

---

10 Weitere Freibeträge stehen in diesem Beispiel nicht zur Verfügung. Vollständigkeitshalber sei erwähnt, dass es weitere mögliche Freibeträge geben kann, wie zum Beispiel aufgrund eines Zugewinnausgleichs § 5 ErbStG, des Hausrates § 13 Abs. 1 Nr. 1 ErbStG und des Familienheimes § 13 Abs. 1 Nr. 4b ErbStG.

11 *Hartmann* RNotZ 2022, 469, 470.

Folgenden werden die gesetzlichen Grundlagen erörtert. Hierbei werden einzelne Drittbestimmungsrechte sowie verschiedene Vermächtnisarten erläutert.

1. Zweckvermächtnis

Das Zweckvermächtnis ist das wesentliche Element des Supervermächtnisses und wird in § 2156 BGB definiert:

> „Der Erblasser kann bei der Anordnung eines Vermächtnisses, dessen **Zweck** er **bestimmt hat**, die **Bestimmung der Leistung** dem **billigen Ermessen** des Beschwerten oder eines Dritten überlassen. Auf ein solches Vermächtnis finden die Vorschriften der **§§ 315 bis 319** entsprechende Anwendung."

Der § 2156 BGB stellt eine ausdrückliche Ausnahme von § 2065 Abs. 2 BGB dar. Die Delegation der Entscheidungsbefugnis zur Errichtung einer letztwilligen Verfügung, welche originär dem Erblasser verliehen ist, ist nur unter der Prämisse mit unserer Erbrechtsordnung vereinbar, dass auch eine solche weitgehende Ermächtigung des Bestimmungsberechtigten auf dem Willen des Erblassers beruht.[12]

a) Voraussetzungen

Voraussetzung für ein Zweckvermächtnis ist der Wille des Erblassers, dem Bedachten durch eine Verfügung von Todes wegen etwas aus seinem Vermögen zu überlassen. An dieser Voraussetzung fehlt es, wenn einem anderen die Entscheidung überlassen wird, ob – zu welchem Zweck auch immer – eine Zuwendung erfolgen soll.[13]

Zur Wirksamkeit dieser Anordnung ist es notwendig, dass der Vermächtniszweck genau bezeichnet ist, so dass der Bestimmungsberechtige ausreichende Anhaltspunkte für die Ausübung seines billigen Ermessens hat.[14] Dennoch dürfen – nach allgemeiner Auffassung – an die hinreichende Bestimmung des Vermächtniszweckes keine zu strengen Anforderungen gestellt werden.[15] Wenn also der Erblasser bei der Anordnung des Vermächtnisses dessen Zweck so genau bezeichnet hat, dass sich aus dem dadurch bestimmten

---

12 *Mayer* MittBayNot 1999, 447, 447.
13 MüKoBGB / *Rudy* § 2156 Rn. 2.
14 MüKoBGB / *Rudy* § 2156 Rn. 3.
15 *Keim* ZEV 2016, 6, 8; Staudinger / *Otte* (2019) § 2156 Rn. 2; a.A.: Für strengere Anforderungen an den Zweck der Leistungsbestimmung, *Beckervordersandfort / Bock* ZErb 2020, 81, 83.

Grund der Zuwendung hinreichende Anhaltspunkte für die Ausübung des billigen Ermessens ergeben, kann der Vermächtnisgegenstand zunächst gänzlich offenbleiben.[16]

aa) Zwecke

Der BGH entschied in seinem Urteil vom 22.09.1982, dass der Zweck eines Vermächtnisses „als Abfindung vom elterlichen Vermögen" hinreichend bestimmt sei.[17] Interessanterweise stellte diese Entscheidung des BGH das Fundament für die Formulierung des Supervermächtnisses durch *Schmidt* dar.[18]

Das Bayerische Oberste Landesgericht hatte am 02.02.1999 über folgende testamentarische Regelung zu entscheiden:

> Die Beteiligte zu 3 wurde zur Alleinerbin eingesetzt und es wurde „im Wege von Vermächtnissen bestimmt", dass der Beteiligte zu 1 (Tierschutzverein) und die Beteiligte zu 2 (Behindertenwerkstätte) „Geldbeträge erhalten, deren Höhe Frau ... (Beteiligte zu 3) bestimmt."[19]

Das BayObLG entschied, dass diese testamentarischen Anordnungen nicht ausreichten. In diesem Testament finde sich keine ausdrückliche Zweckbestimmung. Ebenfalls könne die Frage dahinstehen, ob der Zweck durch eine Auslegung hätte eindeutig bestimmt werden können, da auch hierfür zumindest eine so genaue Bezeichnung des Zwecks erforderlich gewesen wäre, dass sich aus dem dadurch bestimmten Grund der Zuwendung hinreichende Anhaltspunkte (Andeutungstheorie) für die Ausübung des billigen Ermessens ergeben hätten.[20]

Auch ist die Aussetzung einer Zuwendung „nach dem Finanzbedarf des Bedachten", die allgemeine Floskel „um ihm eine Freude zu machen" sowie der Bezug auf „allgemeine Konventionen" unzureichend.[21]

Der BGH hat in seiner Entscheidung vom 24.04.1991 entschieden, dass die folgende testamentarische Zweckbestimmung ausreichend und wirksam ist:

> "Mein und meiner Schwester C gemeinsames dereinstiges Grab sowie das Doppelgrab meiner Geschwister M und L und das Grab des A soll... (die Kl.) unterhalten und für

---

16   Grüneberg / *Edenhofer* § 2156 Rn. 1.
17   BGH Urt. v. 22.09.1982 – IV a ZR 26/81, NJW 1983, 277, 278.
18   *Schmidt* BWNotZ 1998, 97, 101.
19   BayObLG Urt. v. 02.02.1999 – 1 Z BR 143/98.
20   BayObLG Urt. v. 02.02.1999 – 1 Z BR 143/98.
21   *Lange / Kuchinke* § 29 V 2a; MüKoBGB / *Rudy* § 2156 Rn. 3; BayObLG Urt. v. 02.02.1999 – 1 Z BR 143/98.

die Dauer der Liegezeit pflegen oder pflegen lassen. Sie ist berechtigt, den hierzu erfor-derlichen Betrag aus meinem Nachlaß vorweg zu entnehmen."[22]

Die Literatur nennt als zulässige Zwecke eine Forschungsreise, ein Studium, einen Ausflug oder ein Festessen.[23]

In einem weiteren Urteil hat der BGH entschieden, dass ein Vermächtnis, welches dem Abkömmling eines verstorbenen Gesellschafters die Möglichkeit zum Eintritt in eine Unternehmung gibt, auch ohne genauere Bezifferung der Höhe der Gesellschaftsbeteiligung eine ausreichende Zweckbestimmung sei.[24]

Keim wirft in diesem Kontext die Frage auf, ob aus den vorgenannten, von der Literatur und Rechtsprechung als zulässig benannten Zwecken, der Schluss zu ziehen sei, es seien ausschließlich die *Verwendungszwecke für den Zuwendungsempfänger* gemeint, hingegen ermögliche die Bezeichnung als Abfindung allenfalls eine Leistungsbestimmung aus Sicht des Erben. Diese These lässt sich jedoch weder aus dem Wortlaut noch aus der Entstehungsgeschichte des § 2156 BGB ableiten. Vielmehr erweitert diese Norm die Möglichkeiten der letztwilligen Verfügungen des Erblassers. Die Zweckbestimmung hat durch den Erblasser zu erfolgen – dies spricht dafür, dass die Wünsche und Zweckbestimmungen des Erblassers entscheidend sein müssen, also gerade nicht die Interessen und die Verwendungsmöglichkeiten des Vermächtnisnehmers. Demzufolge müsste eine Zweckbestimmung aus der Interessensphäre des Erblassers und damit auch des Erben als dessen Rechtsnachfolger zulässig sein, also auch die erbschaftsteuerlich günstige Verteilung des Nachlasses.[25]

Dies bestätigt *Reymann* und sieht als ausreichenden Zweck insbesondere auch die Ausnutzung der erbschaftsteuerlichen Freibeträge an.[26]

bb) Subjekte der Leistungsbestimmung

Die Leistungsbestimmung kann dem Beschwerten oder einem Dritten über-lassen werden. Dritter kann auch ein Testamentsvollstrecker sein.[27] Der BGH

---

22 BGH Urt. v. 24.04.1991 – IV ZR 156/90, NJW 1991, 1886.

23 Staudinger / *Otte* (2019) § 2156 BGB Rn. 2; *Lange / Kuchinke* § 29 V 2a; jurisPK-BGB / *Reymann* § 2156 Rn. 5 f.

24 BGH Urt. v. 29.02.1984 – IVa ZR 188/82, NJW 1984, 2570 f.

25 *Keim* ZEV 2016, 6, 8 f.

26 jurisPK-BGB / *Reymann* § 2156 Rn. 5 f.; bestätigt auch von Erman / *Nobis*, § 2156 Rn. 1.

27 MüKoBGB / *Rudy* § 2156 Rn. 4, 5, 6.

entschied, dass der Erblasser die Bestimmung der Leistung eines Zweckvermächtnisses hingegen nicht dem Bedachten überlassen könne.[28]

cc) Ausübung des Bestimmungsrechts

Die Bestimmung erfolgt durch einseitige, empfangsbedürftige Willenserklärung. Zu beachten ist jedoch, dass die Ausübung des Bestimmungsrechts nur einmal und abschließend erfolgen kann, wie sich aus dem Wortlaut des § 2156 BGB ergibt, welcher ausschließlich „die Bestimmung" nennt.[29]

dd) Versterben und Geschäftsunfähigkeit des Bestimmungsberechtigten

(1) Versterben des Bestimmungsberechtigten vor Ausübung des Bestimmungsrechts

Insbesondere bei der Konstellation des Ehegattentestaments ist die Möglichkeit gegeben, dass die Ehepartner zum einen beide bereits in einem hohen Alter sind, wenn der 1. Erbfall eintritt, und zum anderen die Todeszeitpunkte zeitlich eng beieinander liegen könnten. Dieses könnte zur Folge haben, dass dem Längerlebenden vor seinem eigenen Ableben die Ausübung seines Bestimmungsrechts nicht mehr gelingt.

Damit stellt sich die Frage der Vererblichkeit des Bestimmungsrechts. Was mit dem Bestimmungsrecht nach dem Tod des Bestimmungsberechtigten geschieht, ist umstritten.

Einschlägige Rechtsprechung zu dieser Problemkonstellation gab es bisher nicht.

Die wohl überwiegende Meinung spricht sich für ein Erlöschen des Bestimmungsrechts mit dem Tode des Bestimmungsberechtigten aus, soweit der Erblasser keine andere abweichende Anordnung getroffen habe. Hierbei wird teilweise die Unvererblichkeit ohne nähere Erläuterung unterstellt oder im Hinblick auf die Vermutung, dass das Bestimmungsrecht einen höchstpersönlichen Charakter habe und daher ein höchstpersönliches unvererbliches Recht gegeben sei, angenommen.[30]

---

28   BGH Urt. v. 24.04.1991 – IV ZR 156/90, NJW 1991, 1885.
29   *Beckervordersandfort / Bock* ZErb 2020, 81, 83 f.
30   BeckOGK / *Hölscher* § 2151 BGB Rn. 8, 33; Damrau / Tanck / *Linnartz* § 2151 BGB Rn. 11; MükoBGB / *Rudy* § 2161 Rn. 13; BeckOK BGB / *Müller-Christmann* § 2151 Rn. 3, 8; *Hartmann* RNotZ 2022, 469, 476.

Die konträre Meinung vertritt, dass zunächst der höchstpersönliche Charakter des Bestimmungsrechts infrage zu stellen sei und somit auch die Frage der Vererblichkeit.

Bei Betrachtung des Wortlautes der §§ 2151, 2153, 2154 und 2156 BGB ist weder eine Regelung hinsichtlich der Höchstpersönlichkeit noch der Vererblichkeit ersichtlich.

Die systematische Auslegung ergibt, dass im Hinblick auf § 2147 S. 1 BGB der Erbe oder Vermächtnisnehmer mit einem Vermächtnis beschwert werden kann, jedoch gerade nicht der Erbeserbe[31], welches für eine Höchstpersönlichkeit spricht.

Eine historische Betrachtung der Gesetzesmaterialien, insbesondere die Hinweise des historischen Gesetzgebers zum Wahlrecht im Rahmen des Wahlvermächtnisses, lassen den Schluss zu, dass beispielsweise das dem Wahlvermächtnis innewohnende Wahlrecht kein für sich stehendes Recht sei, sondern lediglich eine Eigenschaft der Forderung. Folglich würde das Wahlrecht als Bestandteil des Wahlvermächtnisses beim Tod des Bestimmungsberechtigten auf dessen Erben übergehen. Dieses spreche gegen einen höchstpersönlichen Charakter des Wahlrechts des Beschwerten im Rahmen des § 2154 BGB. Darüber hinaus wird auch auf die Möglichkeit hingewiesen, dass Erblasser unter Umständen ein „legatum optionis" im Sinne des älteren römischen Rechts begehren und das Wahlrecht als höchstpersönlich ansehen.[32] Hieraus könne abgeleitet werden, dass der Gesetzgeber dem Erblasserwillen überlassen wolle, ob das Wahlrecht höchstpersönlich und damit unvererblich sein solle oder nicht. Diese Auslegung sei ebenfalls auf die für das Supervermächtnis relevanten Regelungen der §§ 2151, 2153, 2156 BGB übertragbar. Daraus ergebe sich, dass im konkreten Einzelfall auszulegen sei, ob der Erblasser eine Vererbbarkeit gewollt habe oder nicht.[33]

Zusammenfassend ist daher festzuhalten, dass eine Unsicherheit bezüglich der Vererblichkeit des Bestimmungsrechts besteht. Für das Erlöschen des Bestimmungsrechts mit dem Tode des Bestimmungsberechtigten spricht in erster Linie der höchstpersönliche Charakter dieses Rechtes. Nur so wird dem Prinzip, dass persönlichkeitsbezogene und insbesondere höchstpersönliche Rechte, also solche, die ihrem Wesen nach so stark mit der Person des Berechtigten verknüpft sind, dass diese unübertragbar sind, unvererblich sind,

---

31 BGH Urt. v. 06.03.1985 – IVa ZR 171/83, NJW-RR 1986, 164.
32 Motive zum BGB, V, S. 90.
33 *Kurt* ZEV 2021, 357 f.

Rechnung getragen. Die Auslegung zum Wahlrecht kann indes nicht hinsichtlich des umfassenden Bestimmungsrechts des Supervermächtnisses überzeugen und lässt sich nicht ohne Weiteres übertragen.

Letztlich ist eine dahingehende, vorsorgliche testamentarische Regelung zu empfehlen, sodass einer ergänzenden Testamentsauslegung sowie einem Rechtsstreit zwischen den Beteiligten vorgebeugt werden kann.

(2) Geschäftsunfähigkeit des Bestimmungsberechtigten

Ist der Bestimmungsberechtigte geschäftsunfähig, ist fraglich, ob dieser sich durch einen Betreuer als gesetzlichen Vertreter oder einen Bevollmächtigten gemäß § 164 BGB vertreten lassen kann. Hierbei kommt es ebenfalls auf die Bewertung der Frage an, ob die Ausübung des Bestimmungsrechts ein höchstpersönliches Recht ist oder nicht. Wird dieses bejaht, so ist eine Stellvertretung nicht möglich. Wird dem Bestimmungsrecht ein höchstpersönlicher Charakter hingegen abgesprochen, so ist eine Stellvertretung zu bejahen. Folgt man dieser These, so ist zumindest die Rechtsprechung des BGH[34], dass dem Bedachten die Bestimmung nicht überlassen werden kann, hier nicht hinderlich, da der Inhaber des Bestimmungsrechts der Beschwerte bliebe.[35]

Rein vorsorglich ist auch für den Fall der Geschäftsunfähigkeit ein Ersatzbestimmungsberechtigter zu benennen oder zumindest eine Regelung zu treffen, was im Falle einer Geschäftsunfähigkeit des Bestimmungsberechtigten passieren soll.

b) Entstehungsgeschichte

§ 2156 BGB steht im engen Zusammenhang mit § 2065 Abs. 2 BGB, welcher grundsätzlich die Möglichkeit verneint, dass der Erblasser die Bestimmung der Person, die eine Zuwendung aus seinem Nachlass erhalten soll, sowie die Bestimmung des Gegenstandes und des Umfangs einer Zuwendung einem anderen überlässt.

Bei historischer Betrachtung des § 2065 BGB wird deutlich, dass noch der Entwurf des Bürgerlichen Gesetzbuches (E I) diesen Grundsatz strenger durchführen sollte als in der heute geltenden Fassung.[36]

---

34 BGH Urt. v. 24.04.1991 – IV ZR 156/90, NJW 1991, 1885.
35 *Hartmann* RNotZ 2022, 469, 476.
36 BGH Urt. v. 24.04.1991 – IV ZR 156/90, NJW 1991, 1886; Motive zum BGB, V, S. 41.

Die Verfasser des E I waren beim Vermächtnis noch näher bei dem Prinzip, dass der Erblasser den Gegenstand einer Zuwendung nicht einem Dritten überlassen könne, sie bestimmten in § 1777 S. 1 E I:

> „In einer letztwilligen Verfügung kann von dem Erblasser die Bestimmung des Gegenstandes einer Zuwendung nicht einem anderen überlassen werden."

und normierten in S. 2 lediglich die Zuwendung an mehrere Bedachte und in S. 3 das Gattungs- und das Wahlvermächtnis, welche unberührt bleiben sollten. Dem E I zufolge sollte also keine Drittbestimmung hinsichtlich des Gegenstandes einer Zuwendung von Todes wegen zugelassen werden.[37]

Erst im Laufe des Gesetzgebungsverfahrens wurde durch die Zweite Kommission das Zweckvermächtnis durch § 2065 BGB in das Gesetz eingefügt, welches gewisse Erleichterungen vom strengen Grundsatz vorsah. Geregelt wurde damit, inwieweit Ausnahmen, dass der Erblasser die Bestimmungen des Gegenstandes der Zuwendung einem anderen überlassen könne, für Vermächtnisse zu rechtfertigen seien. Im Gesetzgebungsverfahren wurde beantragt, im Recht der Vermächtnisse als Ausnahme von dem vorgenannten Grundsatz § 1845c in das Gesetz aufzunehmen:

> „Ist der Zweck der Zuwendung von dem Erblasser bestimmt, so kann die Bestimmung der Leistung dem billigen Ermessen des Beschwerten oder eines Dritten überlassen werden. Auf ein solches Vermächtnis finden die Vorschriften der §§ 266–270 des Entwurfs II entsprechende Anwendung."

Dieser wurde schließlich sachlich unverändert in Form des § 2156 BGB Gesetz.[38]

Diese Erleichterungen reichen jedoch – getreu dem Wortlaut des § 2065 BGB – nicht so weit, dass auch dem Bedachten selbst die Bestimmung der ihm zufließenden Zuwendung übertragen werden könnte. Die in § 2065 BGB zum Ausdruck kommenden Vorbehalte des Gesetzes greifen gegen Fremdbestimmung im Rahmen testamentarischer Zuwendungen durch.[39]

Hieraus ist zu erkennen, dass sich im Gesetzgebungsverfahren die Zulassung des Zweckvermächtnisses mit seinem Ausnahmecharakter gegenüber dem strengen § 2065 BGB durchgesetzt hat.

---

37 *Kanzleiter* in FS Brambring 225, 228; Motive zum BGB, V, S. 41.
38 *Kanzleiter* in FS Brambring 225, 228; BGH Urt. v. 24.04.1991 – IV ZR 156/90, NJW 1991, 1886; Protokolle, V, S. 39.
39 BGH Urt. v. 24.04.1991 – IV ZR 156/90, NJW 1991, 1886.

c) Bestimmung der Leistung nach billigem Ermessen

Die Überlassung der Leistungsbestimmung durch den Erblasser ist nur mit der Maßgabe wirksam, dass die Leistung nach billigem Ermessen bestimmt wird.[40]

Hingegen ist eine Vermächtnisanordnung, welche die Entscheidung dem Beschwerten oder einem Dritten nach freiem Belieben überlässt, unwirksam.[41]

Für die nach billigem Ermessen zu treffende Bestimmung der Leistung nach Gegenstand, Art und Weise, Zeit und Ort enthält § 2156 BGB in Satz 2 einen Verweis auf die §§ 315–319 BGB.[42]

aa) §§ 315–319 BGB

Nach § 315 BGB hat der Beschwerte bei der Bestimmung der Leistung seine Erklärung, die unwiderruflich ist, gegenüber dem Bedachten abzugeben. Wenn ein Dritter bestimmt, hat er seine Erklärung gegenüber dem Beschwerten oder dem Bedachten abzugeben, vgl. § 318 Abs. 1 BGB; mehrere Dritte müssen im Zweifel übereinstimmend bestimmen, vgl. § 317 Abs. 2 BGB. Jedoch ist bei einer Vermächtnissumme, die bestimmt werden soll, unter Berücksichtigung der vorgenannten Vorschriften bei verschiedenen Summen im Zweifel die Durchschnittssumme entscheidend.[43]

Mit dem Verweis auf die §§ 315 ff. BGB wird deutlich, dass es bei dem billigen Ermessen um eine Art „Auswahlermessen" geht, wie aus dem Verwaltungsrecht bekannt, wobei der öffentlich-rechtliche Ermessensbegriff nicht ohne weiteres auf die privat-rechtlichen Bestimmungsbefugnisse übertragen werden kann.[44]

In Hinblick auf das Prinzip der Einheitlichkeit der Rechtsordnung ist jedoch der Rechtsdanke übertragbar.

Der Bestimmungsberechtigte hat insbesondere das Erfordernis, dass die Zweck-Mittel-Relation stimmt, zu beachten.[45] Ob die Bestimmung billigem Ermessen entspricht, hängt davon ab, ob der vom Erblasser vorgegebene Zweck geeignet, erforderlich und dem Umfang nach auch verhältnismäßig ist.[46]

---

40   Burandt / Rojahn / *Burandt* § 2156 BGB Rn. 3; a.A. *Mayer* MittBayNot 1999, 447, 448, entscheidend sei eine gewisse Entscheidungsfreiheit; der Einräumung eines billigen Ermessens käme keine eigenständige Bedeutung zu.
41   Burandt / Rojahn / *Burandt* § 2156 BGB Rn. 3.
42   MüKoBGB / *Rudy* § 2156 Rn. 4 f.
43   MüKoBGB / *Rudy* § 2156 Rn. 6.
44   *Mayer* MittBayNot 1999, 447, 448.
45   *Mayer* MittBayNot 1999, 447, 448.
46   MüKoBGB / *Rudy* § 2156 Rn. 6.

Bei der Ermessensentscheidung sind folgende inhaltliche Gesichtspunkte zu berücksichtigen: Höhe von Pflicht – und Erbteil, Versorgungsinteresse des Erben, wirtschaftliche Verhältnisse, Interessenlage der Beteiligten, Zusammensetzung des Nachlasses.[47] Letztlich ist eine Wechselwirkung zwischen der Höhe der durch das Zweckvermächtnis zugewandten Zuwendung und der Notwendigkeit der Konkretisierung der erforderlichen Zielvorgaben durch den Testierenden festzustellen, da der Anteil, welcher an den Vermächtnisnehmer ausgekehrt wird, eine Verringerung der verbleibenden Erbschaft darstellt. In dieser Konsequenz kann sich das Vermächtnis in seiner wirtschaftlichen Auswirkung der Erbeinsetzung annähern, bei welcher eine Delegation der Entscheidungsbefugnis des Testierenden ausgeschlossen ist.[48]

bb) Verhältnis zweckbestimmtes Vermächtnis und Nachlasshöhe

Der BGH hat in einer Entscheidung eine Begründung für das Verhältnis von zweckbestimmtem Vermächtnis und Höhe des Nachlassvermögens beschrieben. Überschreite oder unterschreite der Bestimmungsberechtigte den ihm zustehenden Ermessensspielraum, bleibe das Vermächtnis nur bis zu der ermittelten Grenze wirksam, jedoch wegen der erbrechtlichen Bindung unwirksam bezüglich des außerhalb des Ermessensspielraums liegenden Betrages.[49]

cc) Begrenzung der Zwecke durch die Ermessenskontrolle?

In diesem Kontext stellt sich auch die Frage, ob mögliche und zulässige Zwecke sich aus der Notwendigkeit einer Ermessenskontrolle nach den §§ 315–319 BGB einschränken lassen. Es könnte daher bloße Willkür bei der Leistungsbestimmung unzulässig sein, weil eine solche jeder Kontrolle entzogen wäre. Nach § 315 Abs. 3 BGB ist eine Bestimmung nur dann verbindlich, wenn sie der Billigkeit entspricht; andernfalls wird sie durch Urteil getroffen. Demzufolge könnte bei einem angegebenen Zweck, welcher so vage ist, dass dem Gericht eine Ermessensprüfung nicht möglich ist, dieser Zweck unzulässig sein, da dieser Zweck das Vermächtnis nicht hinreichend bestimmt.[50]

Die aufgeworfene Frage ist jedoch zu verneinen, der Verweis auf die §§ 315 ff. BGB führt nicht zu einer Begrenzung der nach § 2156 BGB

---

47 *Keim* ZEV 2016, 6, 9; *Mayer* MittBayNot 1999, 447, 448.
48 *Mayer* MittBayNot 1999, 447, 448; zum Universalvermächtnis 3. Teil A. II. 3 d).
49 BGH Urt. v. 22.09.1982 – IV a ZR 26/81, NJW 1983, 277, 278.
50 *Keim* ZEV 2016, 6, 9.

zulässigen Zwecke, vielmehr wäre eine richterliche Ermessenskontrolle ohne jede Zweckangabe möglich. Der zur Verfügung stehende Gestaltungsspielraum wird – außerhalb des Erbrechts – nur durch die Billigkeit begrenzt, ohne dass eine Zweckangabe überhaupt zwingend notwendig ist. Demzufolge stellt die gerichtliche Überprüfungsmöglichkeit keine adäquate Einschränkung der zulässigen Zwecke dar.[51]

2. Anfall und Fälligkeit des Vermächtnisses

Der Anfall und die Fälligkeit sind ebenfalls wichtige Bausteine des Supervermächtnisses, da diese darüber entscheiden können, ob die Gestaltung seine wirtschaftliche Wirkung entfalten kann und das Supervermächtnis durchgreift.

Mit dem Anfall des Vermächtnisses entsteht der Vermächtnisanspruch. Frühester Zeitpunkt ist hierbei der Erbfall gemäß § 2176 BGB. Der Testierende kann eine Regelung über den Anfall des Vermächtnisses treffen, so kann beispielsweise ein späterer Zeitpunkt oder ein Ereignis benannt werden (vgl. § 2177 BGB).

Fälligkeit des Vermächtnisses ist der Zeitpunkt, zu welchem das anfallende Vermächtnis zu erfüllen ist. Im Regelfall wird das Vermächtnis mit dem Anfall fällig, §§ 271, 2181 BGB. Die Bestimmung der Fälligkeit ist jedoch disponibel.

Seine gesetzliche Ausprägung findet die beliebige Bestimmung der Fälligkeit durch den Beschwerten in § 2181 BGB. Dieser lautet wie folgt:

> „Ist die Zeit der Erfüllung eines Vermächtnisses dem **freien Belieben** des Beschwerten überlassen, so wird die Leistung im Zweifel mit dem Tode des Beschwerten fällig."

Diese Vorschrift stellt eine Auslegungsregel für die Fälligkeit der Vermächtnisforderung dar. Diese findet Anwendung, wenn der Erblasser die Fälligkeit in das freie Belieben des durch das Vermächtnis Beschwerten stellt. Das Vermächtnis wird erst mit dem Ableben des Beschwerten fällig. In Ansehung des § 271 Abs. 2 BGB steht es ihm frei, die Erfüllung schon vorher zu tätigen.[52]

Ist keine Regelung über den Anfall des Vermächtnisses getroffen, so tritt dieser mit dem Erbfall ein, sodass ab diesem Zeitpunkt dem Vermächtnisnehmer ein schuldrechtlicher Anspruch zusteht, §§ 2174, 2176 BGB. Auch wenn dieser noch nicht fällig ist, könnte dennoch eine Sicherung durch Arrest gemäß § 916 ZPO begehrt werden, da die Zeit bis zur Fälligkeit sehr lang sein könnte.

---

51 *Keim* ZEV 2016, 6, 9.
52 HK-BGB / *Hoeren* § 2181 Rn. 1.

Der dingliche Arrest wird nicht dadurch gehindert, dass die Forderung bedingt ist, weil die Bestimmungsentscheidung noch aussteht. Ein dinglicher Arrest ist nur dann ausgeschlossen, wenn der bedingte Anspruch wegen der entfernten Möglichkeit des Bedingungseintritts keinen gegenwärtigen Vermögenswert hätte, § 916 Abs. 2 ZPO.[53]

3. Bedachte (§§ 2151, 2152 BGB)

a) Bestimmungsvermächtnis

Die Vorschrift des § 2151 BGB ermöglicht bei der Zuwendung wirtschaftlicher oder ideeller Werte von Todes wegen eine Drittbestimmung und führt zu einer Zuwendung bei der gewünschten und geeigneten Person.[54]

Der Erblasser muss grundsätzlich keine Kriterien für die Auswahlentscheidung angeben, sodass die Auswahl der Bedachten nach freiem Belieben des Bestimmungsberechtigten erfolgen darf.[55] Jedoch muss der Erblasser zumindest den Personenkreis der Vermächtnisnehmer allgemein bestimmen, er kann dann die endgültige Auswahl dem Beschwerten oder einem Dritten überlassen. Die Bestimmung muss hinreichend deutlich sein.[56] Auch können nach dem Erbfall neu hinzukommende Personen, wie beispielsweise neugeborene Kinder, ausgewählt werden.[57]

Hierzu hat das Reichsgericht in seiner Entscheidung vom 13.05.1919 vorausgesetzt, dass ein beschränkter, leicht überschaubarer Personenkreis vorhanden sein müsse.[58]

Hingegen ist die Vermächtnisanordnung unwirksam, wenn der Bedachte weder vom Erblasser bestimmt noch bestimmbar ist.[59]

Wenn ein potenziell Bedachter verstirbt, ist zu beachten, dass dieser gemäß § 2160 BGB für die Auswahl nicht mehr in Betracht kommt. Dem kann nur dadurch entgegengewirkt werden, dass eine entsprechende Ersatzberufung testamentarisch geregelt wird. Fehlt es an der Bestimmbarkeit, ist die

---

53   *Keim* ZEV 2016, 6, 11.
54   Damrau / Tanck / *Linnartz* § 2151 Rn. 1.
55   *Keim* ZEV 2016, 6, 9.
56   Damrau / Tanck / *Linnartz* § 2151 Rn. 6; BayObLG Beschl. v. 02.12.1997 – 1Z BR 93–97 NJW-RR 1998, 727, 729.
57   *Keim* ZEV 2016, 6, 10.
58   RG Urt. v. 13.05.1919 – VII 89/19, RGZ 96, 15–20.
59   *Gottwald* EE 2018, 47 f.

Vermächtnisanordnung unwirksam, kann aber gegebenenfalls in eine Auflage umgedeutet (§ 140 BGB) werden.[60]

§ 2160 BGB ist insbesondere im Hinblick auf die Tatsache, dass die Zuwendung des Vermögens des Erblassers auch als Ganzes oder nahezu Ganzes umfasst sein kann, interessant, denn es ist dem Erblasser möglich, einer durch einen Dritten ausgewählten Person den gesamten Nachlass zuzuwenden, ohne dass darin eine Umgehung des § 2065 Abs. 2 BGB liegt.[61]

Eine gerichtliche Überprüfung der Bestimmung scheidet aus, es sei denn, es handele sich um Arglist oder einen Verstoß gegen die guten Sitten. Ob eine Bestimmung der Billigkeit entspricht, ist ebenfalls nicht überprüfbar, da der Gesetzgeber diese hier – anders als in § 2156 S. 2 BGB – nicht vorgesehen hat. Die Bestimmung kann nicht durch eine Entscheidung des Gerichtes ersetzt werden.[62] Ein weiteres Argument hierfür ergibt sich aus einer historischen Betrachtung. In einer Debatte der Zweiten Kommission zum E I wurde vorgeschlagen, eine entsprechende Anwendung der §§ 315–319 BGB auch für § 2151 Abs. 1 BGB anzuordnen. Dieser Vorschlag wurde jedoch mit der Begründung abgelehnt, dass hierbei eine Entscheidung nach billigem Ermessen nicht möglich sei.[63]

b) Personenwahlvermächtnis

In § 2152 BGB normiert der Gesetzgeber die Wahlmöglichkeiten zwischen den Personen, die durch ein Vermächtnis bedacht sind:

> „Hat der Erblasser mehrere mit einem Vermächtnis in der Weise bedacht, dass nur der eine oder der andere das Vermächtnis erhalten soll, so ist anzunehmen, dass der Beschwerte bestimmen soll, wer von ihnen das Vermächtnis erhält."

Diese Norm enthält eine Auslegungsregel für die Ausübung des Bestimmungsrechts bei mehreren wahlweise bedachten Vermächtnisnehmern. Die Vorschrift regelt die Konstellation, dass der Erblasser mehrere Personen alternativ mit einem Vermächtnis bedacht hat (Personenwahlvermächtnis). Der Wille des

---

60   Burandt / Rojahn / *Burandt* § 2151 Rn. 2, 6; Damrau / Tanck / *Linnartz* § 2151 Rn. 6–8.

61   Burandt / Rojahn / *Burandt* § 2151 Rn. 1; BayObLG Beschl. v. 02.02.1996 – 1 Z BR 146/95 NJW 1996, 44, 45.

62   Burandt / Rojahn / *Burandt* § 2151 Rn. 5.

63   *Kanzleiter* in FS Brambring, 225, 228 f.; Protokolle, V, S. 43.

Erblassers wird dementsprechend dahingehend erweitert, dass der Beschwerte ein Wahlrecht haben soll.[64]

4. Anteile

Die Bestimmung der Anteile an einem Vermächtnis ist in § 2153 BGB geregelt:

> „(1) Der Erblasser kann mehrere mit einem Vermächtnis in der Weise bedenken, dass der Beschwerte oder ein Dritter zu bestimmen hat, was jeder von dem vermachten Gegenstand erhalten soll. Die Bestimmung erfolgt nach § 2151 Abs. 2.
>
> (2) Kann der Beschwerte oder der Dritte die Bestimmung nicht treffen, so sind die Bedachten zu gleichen Teilen berechtigt. Die Vorschrift des § 2151 Abs. 3 Satz 2 findet entsprechende Anwendung."

§ 2153 BGB gibt dem Erblasser die Möglichkeit, die Verteilung des Vermächtnisgegenstandes unter mehreren Bedachten einem anderen zu überlassen. Die Verteilung hängt daher vom Willen des Bestimmungsberechtigten ab. Die Verbindung von § 2153 BGB und § 2151 BGB bei zusätzlich noch unbestimmtem Vermächtnisgegenstand ist zulässig und kann zu vielfältigen Kombinationen führen. Als Vermächtnisgegenstand kommt jeder real oder wenigstens ideell teilbare Gegenstand in Betracht. Der Erblasser kann das Bestimmungsrecht über den Anteil dem Beschwerten, dem Bedachten oder einem Dritten übertragen.[65]

Aus den Umständen des Einzelfalls ist zu entnehmen, wie groß der jeweilige Anteil am Vermächtnis ist sowie die Befugnis zur ungleichen Teilung des Vermächtnisses. Können Beschwerter oder Dritter die Bestimmungen nicht treffen, so sind die Bedachten zu gleichen Teilen berechtigt.[66]

5. Tabellarische Übersicht der Gestaltungsmöglichkeiten von Vermächtnisarten von Mayer[67]

a) Übersicht

(Erläuterung: §§ ohne sonstige Gesetzesangabe sind solche des BGB)

---

64 BeckOK BGB / *Müller-Christmann* § 2152 Rn. 1.
65 MüKo BGB / *Rudy* § 2153 Rn. 1 f.
66 *Keim* ZEV 2016, 6, 10.
67 *Mayer* MittBayNot 1999, 447, 450.

	Gegenstand des Bestimmungsrechts	Erforderliche Vorgaben hierfür	Kombinationsmöglichkeiten	Bestimmungsberechtigter
1. **Bestimmungsvermächtnis,** **§ 2151**	Person des Vermächtnisnehmers (zur Alleinberechtigung).	Berechtigter: Erblasser muss nur einen objektiv bestimmbaren, überschaubaren *Personenkreis* vorgeben, aus dem dessen Auswahl erfolgt. Vermächtnisgegenstand: steht fest, sonst noch Anordnung nach §§ 2154-2154.	Mit 2. Mit 3. Mit 4. Mit 5.	Beschwerter (Erbe, bei Untervermächtnis Vermächtnisnehmer) oder Dritter (Testamentsvollstrecker); fehlt Angabe: § 2152.
2. **Verteilungsvermächtnis,** **§ 2153**	Bestimmung der *Anteile* der Vermächtnisnehmer: bei nur ideell teilbaren Objekten Bestimmung der ideellen Anteile bei real teilbaren Objekten (Geld): auch reale Aufteilung.	Berechtigter: steht fest, aber Anteilshöhe veränderlich bei ideeller Aufteilung; bei Realteilung auch tatsächliche Zuweisung vorgegebener Vermächtnisobjekte. Vermächtnisgegenstand: steht fest, sonst noch Anordnung nach §§ 2154-2154.	Mit 1: dann kann einer übergangen werden. Mit 3. Mit 4. Mit 5.	Beschwerter oder Dritter (wie vor).
3. **Wahlvermächtnis, § 2154**	Auswahlrecht zwischen mehreren vorgesehenen *Vermächtnisgegenständen:* nur einen soll Vermächtnisnehmer erhalten.	Berechtigter: steht fest. Objekt: Bei Stückvermächtnis genaue Bezeichnung (ausreichend aber „eine meiner Geigen") Bei Gattungsvermächtnis: gattungsmäßige Festlegung (§ 2155).	Mit 1. Mit 2. Mit 4. (Gattungsvermächtnis). Mit 5. (ein oder mehrere Zweckvermächtnisse zur Auswahl).	Beschwerter (analog § 262 im Zweifel), Bedachter oder Dritter.

	Gegenstand des Bestimmungsrechts	Erforderliche Vorgaben hierfür	Kombinationsmöglichkeiten	Bestimmungsberechtigter
4. Gattungsvermächtnis, **§ 2155**	Aus dem nur gattungsmäßig festgelegten Vermächtnisobjekt erfolgt die zur Leistungserbringung erforderliche Konkretisierung (Spezialregelung zu § 243). Reine Erfüllungsmodalität, keine Ausnahme von der Höchstpersönlichkeit der Willensentscheidung.	Auch bei Verschaffungsvermächtnis (§ 2169). Berechtigter: steht fest. Objekt: nur gattungsmäßig bezeichnet. Sonst gerade keine. Abgrenzung zum Wahlvermächtnis u.U. schwierig.	Mit 1. Mit 2. Mit 3.	Bedachter, Dritter aber auch Beschwerter, wenn nichts geregelt oder ausdrücklich bestimmt.
5. Zweckvermächtnis, **§ 2156**	Bestimmung von - Vermächtnisgegenstand - Leistungszeit (§ 2181) - Bedingung der Leistung	Berechtigter: steht fest. Vermächtniszweck muss durch den Erblasser wenigstens so weit bestimmt sein, dass sich für die Ausübung des billigen Ermessens durch den Bestimmungsberechtigten genügend Anhaltspunkte ergeben. Freies Belieben nicht möglich.	Mit 1. oder 2. Mit 3.	Beschwerter, Dritter. Nicht aber Bedachter.

b) Erläuterung

In der tabellarischen Übersicht werden die verschiedenen Vermächtnisse, und zwar, das Bestimmungsvermächtnis, das Verteilungsverfahren, das Wahlvermächtnis, das Gattungsvermächtnis und das Zweckvermächtnis aufgelistet. Ergänzend werden jeweils der Gegenstand des Bestimmungsrechts, die erforderlichen Vorgaben für dieses sowie der Bestimmungsberechtigte dargestellt. Letztlich werden jeweilig die Kombinationsmöglichkeiten der einzelnen Vermächtnisarten miteinander aufgezeigt.

Das Zweckvermächtnis hat als Gegenstand die Bestimmung des Vermächtnisgegenstandes, der Leistungszeit und der Bedingung der Leistung und kann kombiniert werden, sowohl mit dem Bestimmungsvermächtnis, welches die Person des Vermächtnisnehmers als Bestimmungsgegenstand hat, als auch mit dem Wahlvermächtnis, welches das Auswahlrecht zwischen mehreren Vermächtnisgegenständen beinhaltet.

Damit verdeutlicht diese tabellarische Darstellung auf anschauliche Weise, aus welcher Kombinationsvielfalt des Zweckvermächtnisses das Supervermächtnis besteht.

B. Gestaltungsfreiheit und gesetzliche Grenzen

Bei der Testamentsgestaltung besteht ein Spannungsverhältnis zwischen einerseits dem strengen Grundsatz der Höchstpersönlichkeit und andererseits der Kumulation von diversen Drittbestimmungsrechten. Die Gestalter letztwilliger Verfügungen, insbesondere bei Ausarbeitung eines Supervermächtnisses, sind deswegen explizit angehalten, einen sorgfältig durchdachten Balanceakt zwischen den beiden vorgenannten Elementen zu erarbeiten.

Zu berücksichtigen sind hierbei auch etwaige Konsequenzen, die sich durch die Geltendmachung von Rechten des Bedachten gegenüber dem Erben ergeben.

I. Testierfreiheit

Die Testierfreiheit und die Verbindung zwischen Erbrecht und Eigentum haben ihre Ursprünge im römischen Recht. Die Testierfreiheit wurde zur Zeit der jüngeren Republik in Rom zum beherrschenden Prinzip des Erbrechts und die Errichtung eines Testamentes stellte den Regelfall dar. Im 19. Jahrhundert verband sich als politische Forderung der Liberalen das Erbrecht mit dem Eigentum. Die Bürgerfreiheit umfasste sowohl die Eigentumsverfügungen unter Lebenden als auch von Todes wegen.[68] Bis heute wird das Erbrecht des Bürgerlichen Gesetzbuches vom Grundsatz der Testierfreiheit beherrscht, jeder Erblasser kann regelmäßig nach freiem Ermessen letztwillig über sein Vermögen verfügen.[69] Die Testierfreiheit stellt die zentrale erbrechtliche Ausprägung der Privatautonomie dar.[70]

Die gewillkürte Erbfolge – durch Verfügung von Todes wegen über sein Vermögen zu verfügen – ist vorrangig gegenüber der gesetzlichen Erbfolge. Dies spiegelt sich in zahlreichen Normen des Bürgerlichen Gesetzbuches wider, u.a. §§ 1937–1941 BGB.

Der Zweck der Testierfreiheit ist in der Verfügungsfreiheit des Eigentümers zu erkennen: Der Eigentümer kann bestimmen, wer nach seinem Ableben das hinterlassene Vermögen erhalten soll. Der enge Sinnzusammenhang zwischen Erbrecht und Eigentumsordnung ergibt sich aus dem Zweck des Erbrechts, die Vermögensnachfolge zu regeln. Dieser Zusammenhang spiegelt sich auch in Art. 14 GG wider, denn darin werden sowohl das Eigentum als auch das Erbrecht gewährleistet. Die Testierfreiheit gestattet dem Erblasser, für die Zeit nach seinem Ableben durch eine privatautonom geschaffene Erbregelung eine aus seiner Sicht geeignete Vermögensverteilung zu bewirken.[71] Diese beinhaltet auch die Freiheit, die Vermögensnachfolge nicht an den allgemeinen gesellschaftlichen Grundsätzen, den Ansichten der Mehrheit, sondern an den individuellen, persönlichen Wünschen und Vorstellungen auszurichten.[72] Der Testator wird durch das Grundgesetz auch nicht dazu gezwungen, etwa seine Abkömmlinge gleich zu behandeln.[73]

Der Testierfreiheit wohnt der Grundsatz der höchstpersönlichen Errichtung der letztwilligen Verfügung inne.

1. Grundsatz der höchstpersönlichen Errichtung

Bei der Testamentserrichtung ist der Grundsatz der höchstpersönlichen Errichtung durch der Testator zu beachten. Dieser Grundsatz hat formelle und materielle Aspekte.

---

68   Staudinger Eckpfeiler / *Meyer-Pritzl* W Rn. 7.
69   Steiner / *von Morgen / Cording* § 5 II. 1 Rn. 5.124.
70   MüKoBGB / *Leipold* § 2153 Rn. 17.
71   MüKoBGB / *Leipold* § 2153 Rn. 18.
72   *Langenfeld* ZEV 2007 453, 454; BVerfG Beschl. v. 21.02.2000 1 BvR 1937/97, DNotZ 2000, 391.
73   BVerfG Beschl. v. 16.10.1984 – 1 BvR 513/78, BVerfGE 67, 329, 341.

Die gesetzlichen Grundlagen finden sich in §§ 2064, 2065 BGB:

§ 2064 BGB
„Der Erblasser kann ein Testament nur persönlich errichten."

§ 2065 BGB Bestimmung durch Dritte
„(1) Der Erblasser kann eine letztwillige Verfügung nicht in der Weise treffen, dass ein anderer zu bestimmen hat, ob sie gelten oder nicht gelten soll.

(2) Der Erblasser kann die Bestimmung der Person, die eine Zuwendung erhalten soll, sowie die Bestimmung des Gegenstands der Zuwendung nicht einem anderen überlassen."

a) Formelle Höchstpersönlichkeit

Gemäß § 2064 BGB ist eine gesetzliche oder gewillkürte Vertretung ausgeschlossen, sowohl im Willen als auch in der Erklärung des Erblassers. Demzufolge ist es für einen Testierunfähigen (§ 2229 BGB) ausgeschlossen, ein Testament zu errichten. Ein Verstoß gegen die formelle Höchstpersönlichkeit hat die unheilbare Nichtigkeit zur Folge. Eine Genehmigung durch den Erblasser führt nicht zur Heilung, es sei denn, es läge hierin zugleich eine – formgemäße – Neuvornahme. Dafür sind wieder die gesetzlichen Vorgaben ausnahmslos einzuhalten.[74]

b) Materielle Höchstpersönlichkeit

In § 2065 Abs. 1 BGB ist in materieller Hinsicht ein Verbot der Drittbestimmung zu erkennen; dem Erblasser ist es nicht gestattet, einen anderen zu bestimmen, der über die Geltung der letztwilligen Verfügung disponieren darf. Unter „einem anderen", der bestimmen soll, ist jede Person mit Ausnahme des Erblassers selbst zu verstehen, demzufolge auch der Bedachte oder Beschwerte[75].

Die Auswahl zwischen zwei Testamenten unterfällt ebenfalls dem Verbot der Drittbestimmung. Zu differenzieren ist jedoch, ob der Erblasser sein Testament unter eine sog. Wollensbedingung oder eine Potestativbedingung stellen will. Die Wollensbedingung würde eine Vertretung im Willen bedeuten und wäre damit unzulässig, da die letztwillige Verfügung nicht von einer Willenserklärung einer anderen Person abhängig gemacht werden darf. Eine Potestativbedingung bedeutet, dass die letztwillige Verfügung vom Eintritt

---

74 Nieder / *Kössinger* – Testamentsgestaltung / *Kössinger / Najdecki* § 3 Rn. 35.

75 Nieder / *Kössinger* - Testamentsgestaltung / *Kössinger / Najdecki* § 3 Rn. 36; MüKoBGB / *Leipold* § 2065 Rn. 15; Staudinger / *Otte* (2019) BGB § 2065 Rn. 9.

eines Ereignisses oder von einem bestimmten Verhalten des Bedachten oder Dritten abhängig gemacht wird. Dies wäre nur dann zulässig, wenn der Wille sich nicht in der reinen Zustimmung zu der testamentarisch angeordneten Rechtsfolge erschöpfen, vielmehr einen anderen Zweck verfolgen würde und ein eigenes Interesse des Erblassers am Eintritt Nichteintritt des Ereignisses besteht.[76]

Ein Verstoß gegen § 2065 Abs. 1 BGB führt zur Nichtigkeit der gesamten testamentarischen Verfügung, deren Geltung der Erblasser von der Bestimmung eines Dritten abhängig machen wollte.[77]

c) Lockerungen im Vermächtnisrecht

Das Prinzip der Höchstpersönlichkeit von Verfügungen von Todes wegen erfährt durch die §§ 2151 ff. BGB beträchtliche Lockerungen. *Linnartz* sieht die Ausnahmeregelung zum Grundsatz der Höchstpersönlichkeit in Hinblick auf eine geringere Bedeutung der Vermächtnisse gegenüber den Erbenstellungen begründet. Darüber hinaus sind keine entgegenstehenden Interessen der Nachlassgläubiger zu berücksichtigen, da der Vermächtnisnehmer selbst lediglich Nachlassgläubiger ist.[78]

Daher besteht die Möglichkeit der Gestaltung der letztwilligen Verfügung mit den unter Abschnitt A II. dargestellten verschiedenen Vermächtniskonstellationen.

2. Schranken der Testierfreiheit

Die Testierfreiheit gilt jedoch nicht uneingeschränkt.

a) Spezielle Schutzgesetze

Ein besonderes Schutzgesetz, welches die Testierfreiheit einschränkt und zugleich auch schützt, ist z.B. das HeimG. § 14 HeimG des Bundes, nunmehr überwiegend in den jeweiligen Landesheimgesetzen entsprechend geregelt, untersagt den Trägern von Heimen und auch deren Mitarbeitern, sich von Heimbewohnern Geld oder geldwerte Leistung versprechen zu lassen. Dies

---

76   Nieder/ Kössinger – Testamentsgestaltung / *Kössinger / Najdecki* § 3 Rn. 36; BGH Urt. v. 18. 11.1954 – IV ZR 152/54, NJW 1955, 100, 101.
77   Staudinger/ *Otte* (2019) BGB § 2065 Rn. 64.
78   Damrau / Tanck / *Linnartz* § 2151 BGB Rn. 3; *Keim* ZEV 2016, 6, 7; *Beckervordersandfort / Bock* ZErb 2020, 81, 81.

gilt insbesondere auch für letztwillige Verfügungen und die Gestaltung von Vermächtnissen. Der Zweck dieser Regelung dient dem Heimfrieden, soll die Heimbewohner vor einer Ausbeutung schützen und ihre Testierfreiheit sichern[79]. Die Gerichte sehen § 14 HeimG und die entsprechenden Regelungen auf Landesebene als Verbotsnorm gemäß § 134 BGB an, wodurch ein entsprechendes Testament nichtig werden würde.[80]

Ebenso wird vertreten, dass Sinn und Zweck der Vorschrift eine solch weitreichende Beschränkung nicht rechtfertige. Durch die Möglichkeit eines jederzeitigen Widerrufes eines Testamentes sei der Zweck, alten und pflegebedürftigen Menschen, welche sich in die Obhut eines Heimes begeben, in ihrer Hilf- oder Arglosigkeit vor Ausnutzung zu schützen und einer Bevorzugung aufgrund unterschiedlicher Vermögensverhältnisse unter den Bewohnern vorzubeugen, bereits erfüllt, ohne dass es eines Testierverbotes bedarf.[81]

b) Allgemeine Gesetze, §§ 138, 242 BGB

Schranken der Testierfreiheit sind in den allgemeinen Gesetzen wie in den §§ 138, 242 BGB, welche sowohl das Verbot der Sittenwidrigkeit als auch den Grundsatz von Treu und Glauben umfassen, zu erkennen.

Grundsätzlich ist der Erblasser keinen moralischen Pflichten unterworfen, selbst diskriminierende Verfügungen von Todes wegen sind nicht sittenwidrig, sofern diese durch die Testierfreiheit gedeckte Zwecke verfolgen. Die Grenze zur Sittenwidrigkeit wird überschritten bei Diskriminierungen der gesetzlichen Erben aus rassischen oder religiösen Gründen (Art. 3 GG).[82]

c) Pflichtteilsrecht, §§ 2303–2338 BGB

Das Pflichtteilsrecht stellt ebenfalls eine Begrenzung der Testierfreiheit dar.

Das Bundesverfassungsgericht hat dem Pflichtteilsrecht Verfassungsrang zugesprochen. In seinem Beschluss vom 19.04.2005 hat das Bundesverfassungsgericht festgestellt, dass die Erbrechtsgarantie des Art. 14 Abs. 1 i.V.m. Art. 6 Abs. 1 GG eine grundsätzlich unentziehbare und

---

79   BGH Urt. v. 09.02.1990 – V ZR 139/88, NJW 1990, 1603.
80   Nieder / Kössinger – Testamentsgestaltung / *Kössinger / Najdecki* § 3 Rn. 3 f.; Bay-ObLG Beschl. v. 09.02.2000 – 1 Z BR 149/99, NJW 2000, 1875.
81   Staudinger Eckpfeiler / *Meyer-Pritzl* W Rn. 93.
82   Nieder / Kössinger – Testamentsgestaltung / *Kössinger / Najdecki* § 3 Rn. 10.

bedarfsunabhängige wirtschaftliche Mindestbeteiligung der Kinder des Erblassers an dessen Nachlass gewährleistet.[83]

Die Pflichtteilsberechtigten – Abkömmlinge des Erblassers, Ehepartner und Eltern – erhalten trotz einer testamentarischen Enterbung in der Regel einen Geldanspruch, welcher sich gegen den testamentarischen Erben richtet. Folglich ist es dem Testator grundsätzlich nicht möglich, seine engsten Familienmitglieder (Pflichtteilsberechtigte) in Gänze von Zuwendungen aus dem Nachlass auszuschließen. Ausnahmen stellen Pflichtteilsentziehungs- und Pflichtteilsunwürdigkeitsgründe dar (vgl. §§ 2333 und 2345 BGB).

II. Rechte des Bedachten vor der Erfüllung des Vermächtnisses

Dem durch ein Vermächtnis Bedachten stehen vor der Erfüllung des Vermächtnisses folgende Rechte gegenüber dem beschwerten Erben zu:

- Zum einen das Recht gemäß § 2151 Abs. 3 S. 2 BGB, beim Nachlassgericht zu beantragen, dass dem durch das Vermächtnis Beschwerten eine Frist zur Abgabe der Auswahlbestimmung gesetzt wird.
- Zum anderen das Recht, vom Beschwerten zu verlangen, dass dieser eine Leistungsbestimmung vornimmt, gegebenenfalls diese Entscheidung durch gerichtliches Urteil ersetzen zu lassen, §§ 2156 S. 2, 315 Abs. 3 S. 2 BGB.
- Ferner können die Bedachten unter den allgemeinen gesetzlichen Voraussetzungen die Sicherung ihres Anspruches durch dinglichen Arrest nach § 916 ZPO verlangen.[84]
- Besteht eine Substanzerhaltungspflicht für den Erben, so kann bei deren Missachtung der Vermächtnisnehmer Schadensersatzansprüche geltend machen.[85]

C. Steuerliche Einordnung des Vermächtnisses

I. Erbschaftsteuer

Für das Erbschaftsteuerrecht gilt das Prinzip der Maßgeblichkeit des Zivilrechts.

---

83   BVerfG Beschl. v. 19.04.2005 – BvR 1644/00, NJW 2005, 1561.
84   *Mayer* DStR 2004, 1408, 1415.
85   *Mayer* ErbR 2011, 322, 331.

Das Erbschaftsteuerrecht knüpft die Besteuerung an einen Vermögensanfall, dessen Voraussetzungen sich nach dem Zivilrecht bestimmen. Dazu bestehen jedoch Ausnahmen: Zivilrechtliche Gestaltungen und Begriffe können und müssen entsprechend den steuerlichen Bedeutungszusammenhängen selbstständig interpretiert werden.

§ 1 Abs. 1 Nr. 1 ErbStG begründet die Steuerpflicht für Erwerbe von Todes wegen. Der Wortlaut dieser Norm zeigt, dass die Steuer im Gegensatz zu ihrer traditionellen Bezeichnung als „Erbschaft"-Steuer nicht die Erbschaft im Sinne des Nachlasses, sondern vielmehr die Vermögenserwerbe aus Anlass des Todes der Besteuerung unterwirft. Ein solcher Vermögenserwerb aus Anlass des Todes kann im Zusammenhang mit der Erbschaft stehen. Der Erbschaftsteuer unterliegende Erwerbe müssen jedoch nicht immer etwas mit der Erbschaft im zivilrechtlichen Sinne zu tun haben. Die Tatbestandsvoraussetzungen des Vermögenserwerbs aus Anlass des Todes sind in §§ 3, 4 ErbStG normiert.[86]

Gemäß § 3 Abs. 1 Nr. 1 Var. 2 ErbStG gilt der Erwerb durch Vermächtnis als Erwerb von Todes wegen.

1. Vermächtnis im Lichte des ErbStG

Gemäß dem Grundsatz der Maßgeblichkeit des Zivilrechts ist das Vermächtnis im Sinne von § 3 Abs. 1 Nr. 1 ErbStG das, was zivilrechtlich als Vermächtnis gilt. Ein Rechtssatz, demzufolge Zuwendungen, die zivilrechtlich als Vermächtnis angesehen werden, aus der Besteuerung herausfallen, weil ihnen erbschaftsteuerrechtlich die Voraussetzung der Unentgeltlichkeit fehlt, existiert nicht.[87] Zu beachten ist, dass eine zivilrechtlich unwirksame Vermächtnisanordnung, etwa aufgrund eines Formmangels, dennoch erbschaftsteuerlich wirksam sein kann, wenn der Beschwerte das dem Vermächtnisnehmer zugedachte Vermögen tatsächlich überträgt.[88]

Einzelne Gestaltungen von Vermächtnissen haben steuerliche Besonderheiten.

Darauf wird nachfolgend im Einzelnen eingegangen.

---

86 Meincke / Hannes / Holtz ErbStG § 1 Rn. 9.
87 Meincke / Hannes / Holtz ErbStG § 3 Rn. 44; a.A. FG Nürnberg Urt. v. 29. 07. 2010 - 4 K 392/2009, DStRE 11, 227, 229.
88 BFH Urt. v. 15.03.2000 - II R 15 – 98, DStR 2000, 1179.

a) § 6 Abs. 4 ErbStG, § 2181 BGB

Regelmäßig führen Vermächtnisse im Rahmen eines Ehegattentestamentes zu einem steuerlichen Erwerb der Kinder vom Erstversterbenden sowie der steuerlichen Abzugsmöglichkeit der Verbindlichkeiten aus Vermächtnissen für den überlebenden Ehegatten (vgl. §§ 3 Abs. 1 Nr. 1, 10 Abs. 5 Nr. 2 ErbStG).

Jedoch tritt keine steuerliche Entlastung ein, wenn Vermächtnisse erst beim Ableben des Beschwerten, des Längerlebenden, anfallen oder fällig werden. In § 6 Abs. 4 ErbStG wird der Grundsatz der Maßgeblichkeit des Zivilrechts durchbrochen, indem das Nachvermächtnis und das beim Tod des Beschwerten fällige Vermächtnis den Nacherbschaften in Hinblick auf die Besteuerung gleichgestellt werden. Der Vorerbe wird gemäß § 6 ErbStG als Vollerbe behandelt, obwohl die Kapitalisierung des Nutzungsrechts des Vorerben als erbschaftsteuerlicher Wert seiner Zivilrechtsstellung entsprechen würde. Beim Eintritt der Nacherbfolge haben diejenigen, auf die das Vermögen übergeht, den Erwerb als vom Vorerben stammend zu versteuern. Daraus folgt, dass bei Vermächtnissen für Kinder, welche erst beim Tod des Längerlebenden fällig werden, die Freibeträge der Kinder nicht sowohl gegenüber dem Erstversterbenden als auch gegenüber dem Längerlebenden ausgenutzt werden können. Um dies zu vermeiden, muss das Vermächtnis bereits mit dem Tod des Erstversterbenden anfallen und für die Fälligkeit ein Zeitpunkt bestimmt werden, welcher nicht mit dem Tod des überlebenden Ehegatten verknüpft ist.[89]

§ 6 Abs. 4 ErbStG kommt nicht zur Anwendung, wenn die Zeit der Erfüllung zwar dem freien Belieben des durch das Vermächtnis Beschwerten überlassen ist, jedoch ein realistischer Auffangtermin beispielsweise fünf Jahre nach dem ersten Erbfall ausdrücklich im Testament bestimmt wird.[90]

In diesem Kontext ist § 2181 BGB zu beachten, denn wenn die Zeit der Erfüllung in das freie Belieben des Beschwerten gestellt ist, wird die Leistung im Zweifel mit dem Tode des Beschwerten fällig. Je näher der Fälligkeitszeitpunkt eines Vermächtnisses zum Zeitpunkt des Todes des Letztversterbenden angeordnet wird, desto höher ist die Gefahr einer Umgehung gemäß § 6 Abs. 4 ErbStG.[91]

---

89 DNotI-Report, 2010, 3, 5; Nieder/ Kössinger – Testamentsgestaltung/ *Kössinger / Zintl*, § 6 g) Rn. 206.
90 *Keim* ZEV 2016, 6, 12; *Everts* NJW 2008, 557, 558.
91 Vgl. BFH Urt. v. 27.06.2007 - II R 30/05, DStR 2007, 1436.

aa) *Besteuerung im Verhältnis zum Erblasser*

Grundsätzlich werden die Erwerbe im erbschaftsteuerlichen Sinne nach den persönlichen Verhältnissen des Erwerbers zum Erblasser besteuert. Voraussetzung ist ein Erwerb aus dem Vermögen des Erblassers. Ob diese Voraussetzung gegeben ist, wird insbesondere bei den verschiedenen Vermächtnissen relevant. Bei diesem Thema kann etwa die Frage nach der Motivation bei der Auslegung weiterhelfen, ob es sich um den Wunsch des Erblassers handelt oder um einen eigenen Entschluss des Beschwerten, welcher Vermögen weitergibt.

Hat der Erblasser es in das Belieben des Beschwerten gestellt, dem Bedachten etwas zuzuwenden, liegt folglich kein Vermächtniserwerb im Sinne des § 3 ErbStG vor, wenn es sich nur um einen Wunsch oder um eine Anregung des Erblassers handelt. Dann liegt eine Zuwendung des Beschwerten an den Empfänger in Form einer Schenkung vor. Eine freiwillige Erhöhung des Vermächtnisses durch den Beschwerten ist ebenfalls kein Betrag, welcher von seinem Erwerb als Nachlassverbindlichkeit im Sinne des § 10 Abs. 5 ErbStG abzuziehen ist.[92]

Der BFH fordert für die Annahme eines Vermächtnisses das Vorliegen eines ernstlichen Verlangens des Erblassers. Der BFH hatte sich in der Entscheidung vom 02.12.1969 mit einem mündlichen und damit zivilrechtlich unwirksamen Vorausvermächtnis zugunsten der Ehefrau des Erblassers zu befassen. Der BFH erkannte, dass es für die Besteuerung als Vermächtniserwerb vom Erblasser zwar nicht ausreiche, dass er mit seiner Erklärung nur einen Wunsch zum Ausdruck brachte, dessen Erfüllung oder Nichterfüllung er dem Ermessen des Adressaten überließe; es genüge aber das ernstliche Verlangen des Erblassers, dass nach seinem Tode mit dem Nachlass oder mit Teilen des Nachlasses in dem von ihm gewollten Sinne zu verfahren sei. Komme der Erbe oder der sonst durch das unwirksame Vermächtnis Beschwerte diesem Willen nach, sei die Steuer so zu erheben, wie sie bei Wirksamkeit des Vermächtnisses zu erheben gewesen wäre.[93]

Daraus schließt *Ebeling*, dass „wenn schon zivilrechtlich […] unwirksame Vermächtnisse bei nachgewiesenem ernstlichen Verlangen des Erblassers erbschaftsteuerlich anzuerkennen sind, dann muss das erst recht für Vermächtnisse gelten, die dem geltenden Zivilrecht entsprechend als Bestandteil der Verfügung von Todes wegen wirksam ausgesetzt worden sind".[94] Unter der

---

92 *Ebeling* ZEV 2000, 87, 89.
93 BFH Urt. v. 02.12.1969 – II 120/64, BeckRS 1969, 21005441.
94 *Ebeling* ZEV 2000, 87, 89.

Voraussetzung, dass die übrigen Tatbestandsmerkmale erfüllt sind, können damit grundsätzlich u.a. das Zweckvermächtnis (§ 2156 BGB), die Bestimmung des Vermächtnisnehmers durch den Beschwerten (§ 2151 BGB) sowie die Bestimmung des Vermächtnisanteils durch den Beschwerten (§ 2153 BGB) als Erwerbe aus dem Vermögen des Erblassers aufgrund dessen letztwilliger Verfügung eingeordnet werden.[95]

bb) Differenzierung zwischen Vermächtnisanfall und Erfüllungszeitpunkt
Zivilrechtlich ist streng zwischen den Regelungen über die Fälligkeit gemäß § 2181 BGB und den Vermächtnisanfall nach den §§ 2176 – 2178 BGB zu unterscheiden. Nach § 2181 BGB wird die Leistung im Zweifel mit dem Tode des Beschwerten fällig, wenn der Erfüllungszeitpunkt seinem freien Belieben überlassen wird. Gemäß § 2176 BGB entsteht die Forderung des Vermächtnisnehmers mit dem Erbfall; dies bedeutet, dass das Vermächtnis mit dem Erbfall anfällt.

Diese Differenzierung zwischen Vermächtnisanfall und Erfüllungszeitpunkt findet gleichermaßen bei der Erbschaftbesteuerung Anwendung:

Die Steuer entsteht mit dem Zeitpunkt des Eintritts des Ereignisses, also mit der Vermächtniserfüllung durch den Beschwerten (§ 9 Abs. 1 Nr. 1a ErbStG).

Es handelt sich jedoch – wie beschrieben – bei dem Erwerb des Bedachten um einen Erwerb im Verhältnis zu dem Beschwerten, wenn nach seiner testamentarischen Regelung das Vermächtnis erst mit dem Tode des Beschwerten fällig werden soll (§ 6 Abs. 4 ErbStG).

Soll hingegen das Vermächtnis zu einem früheren Zeitpunkt als dem Tode des Beschwerten fällig werden und lediglich der Beschwerte dem Bedachten gegenüber Stundung in Anspruch nehmen dürfen, so sei dies kein Erwerbstatbestand, der unter § 6 Abs. 4 ErbStG falle, vielmehr handele es sich hierbei um einen Erwerb des Vermächtnisnehmers nach seinen persönlichen Verhältnissen zum Erblasser.[96]

Dem widerspreche jedoch der Wortlaut des § 6 Abs. 4 ErbStG, welcher auch solche Vermächtnisse erfasse, welche bereits mit dem Tod des Erstversterbenden anfallen, aber erst beim Tode des Letztversterbenden fällig sind; die vorgenannte Norm unterscheidet nicht danach, ob der Testator ausdrücklich eine solche Fälligkeit anordnet oder ob sich diese durch eine entsprechende

---

95 *Ebeling* ZEV 2000, 87, 89.
96 *Ebeling* ZEV 2000, 87, 90.

Auslegung ergibt. Jedenfalls ist für die Fälligkeit zum Zeitpunkt des Todes § 6 Abs. 4 ErbStG anwendbar.[97]
Dies gilt nicht im Anwendungsbereich des § 9 Abs. 1 Nr. 1a ErbStG.

b) § 9 ErbStG

Gemäß § 9 Abs. 1 Nr. 1 ErbStG entsteht die Steuer im Regelfall bei Erwerb von Todes wegen mit dem Tode des Erblassers.

Ausnahmen hiervon sind in § 9 Abs. 1 Nr. 1 a ErbStG normiert, und zwar für die zu einem Erwerb von Todes wegen gehörenden Ansprüche, welche unter einer aufschiebenden Bedingung, einer Betagung oder Befristung stehen und erst mit dem Zeitpunkt des Eintritts der Bedingung oder des Ereignisses zur Entstehung gelangen.

Sowohl die Bedingung (§ 158 BGB) als auch die Befristung (§ 163 BGB) beinhalten, dass der Anspruch erst dann entsteht, wenn zusätzlich zu dem Erbfall noch ein Ereignis hinzutritt. Hiervon ist ein betagter Anspruch zu unterscheiden, denn dieser besteht bereits beim Erbfall, ist jedoch noch nicht fällig. Wird in einer letztwilligen Verfügung als Gestaltungsmittel ein Vermächtnis verwandt, welches bedingt, befristet oder betagt ist, so bleibt bei der steuerlichen Bewertung zunächst die Vermächtnislast außer Ansatz (§ 12 Abs. 1 ErbStG i.V.m. § 6 Abs. 1 BewG). Hierbei ist zu berücksichtigen, dass es zu Stichtagsdifferenzen kommen kann. Für den Vermächtniserwerb entsteht die Erbschaftsteuer erst mit Bedingungseintritt und ist nach den Verhältnissen im Entstehungszeitpunkt zu bewerten, während andererseits die Vermächtnislast nach den Verhältnissen am Todestag zu berücksichtigen ist.[98]

Stellt der Erblasser die Erfüllung des Vermächtnisses in das freie Belieben des Beschwerten, ist die vorherige Erfüllung – also vor dem Todeszeitpunkt – möglich; sie beruht letztlich auf einer ausdrücklichen Anordnung des Testators und muss daher steuerliche Berücksichtigung finden. Diese Erfüllungsentscheidung des Beschwerten ist als ein zeitlich ungewisses Ereignis einzuordnen. Entgegen dem Wortlaut des § 9 Abs. 1 Nr. 1a ErbStG hat der BFH in seinem Urteil vom 27.08.2003 entschieden, dass die Erbschaftsteuer für betagte Ansprüche, die zu einem bestimmten (feststehenden) Zeitpunkt fällig werden, im Zeitpunkt des Todes des Erblassers entsprechend dem Regelfall des § 9 Abs. 1 Nr. 1 ErbStG entstehen. Hingegen entsteht die Erbschaftsteuer für diejenigen betagten Ansprüche, bei denen der Zeitpunkt des Eintritts des zur Fälligkeit führenden

---

97   *Keim* 2016, 6, 11; *Everts* NJW 2008, 557, 558.

98   DNotI-Report, 2010, 3, 4.

Ereignisses unbestimmt ist, nach § 9 Abs. 1 Nr. 1a ErbStG erst mit dem Eintritt des Ereignisses. Demzufolge ist der Zeitpunkt der Erfüllung des Vermächtnisses für die Steuerentstehung zu Grunde zu legen.[99]

2. Steuerlicher Gestaltungsmissbrauch, § 42 AO

Zivilrechtliche Gestaltungsmöglichkeiten werden grundsätzlich vom Steuerrecht respektiert, insbesondere auch solche, die steuerlich am günstigsten sind. Die Schranken dieses Grundsatzes regelt § 42 AO. Dieser lautet wie folgt:

> „(1) Durch Missbrauch von Gestaltungsmöglichkeiten des Rechts kann das Steuergesetz nicht umgangen werden. Ist der Tatbestand einer Regelung in einem Einzelsteuergesetz erfüllt, die der Verhinderung von Steuerumgehungen dient, so bestimmen sich die Rechtsfolgen nach jener Vorschrift. Anderenfalls entsteht der Steueranspruch beim Vorliegen eines Missbrauchs im Sinne des Absatzes 2 so, wie er bei einer den wirtschaftlichen Vorgängen angemessenen rechtlichen Gestaltung entsteht.

> (2) Ein Missbrauch liegt vor, wenn eine unangemessene rechtliche Gestaltung gewählt wird, die beim Steuerpflichtigen oder einem Dritten im Vergleich zu einer angemessenen Gestaltung zu einem gesetzlich nicht vorgesehenen Steuervorteil führt. Dies gilt nicht, wenn der Steuerpflichtige für die gewählte Gestaltung außersteuerliche Gründe nachweist, die nach dem Gesamtbild der Verhältnisse beachtlich sind."

§ 42 AO wurde 2008 neugefasst. Seither enthält er eine Legaldefinition des Begriffs „Missbrauch". Ferner wird die Beweis- und Feststellungslast für missbräuchliche Gestaltungen zwischen der Finanzbehörde und dem Steuerpflichtigen neu verteilt. Demnach hat die Finanzbehörde den Missbrauchstatbestand zu beweisen, der Steuerpflichtige hingegen die beachtlichen außersteuerlichen Gründe.[100]

a) Anwendungsbereich

Es stellt sich die Frage, ob und inwieweit § 42 AO bei zivilrechtlichen Gestaltungen, insbesondere im Bereich von Testamentsgestaltungen Anwendung findet.

Der BFH hat in seinem Urteil vom 24.05.2000 ausgeführt, dass § 42 AO auch im Erbschaftsteuerrecht anwendbar ist, die Vorschrift gelte ihrem Wortlaut nach uneingeschränkt für alle Steuerarten. Es könne sich lediglich jeweils ein unterschiedlich großer Anwendungsbereich für die Vorschrift ergeben, welcher

---

99   BFH Urt. v. 27.08.2003 – II R 58 / 01, DStR 2003, 2066, 2066; *Keim* ZEV 2016, 6, 11.
100   Lippross / Seibel / *Krömker* § 42 AO Rn. 1.

aus der unterschiedlichen Struktur der gesetzlichen Regelungen für die einzelnen Steuern resultiere. Einen allgemeinen Ausschluss der Anwendbarkeit des
§ 42 AO auf bestimmte Steuerarten könne es nicht geben.[101]
Demzufolge ist bei der Gestaltung letztwilliger Verfügungen, insbesondere
im Hinblick auf Konstellationen, die der Steuerersparnis dienen, die Grenze
des § 42 AO zu berücksichtigen.

b) Inhalt der Norm

Tatbestandsvoraussetzung des § 42 AO ist das Vorliegen eines Missbrauches.
Dieser ist gegeben:

- wenn die gewählte Gestaltung gemessen an dem angestrebten Ziel unangemessen, d. h. ungewöhnlich ist,
- diese der Steuerminderung dienen soll und
- diese nicht durch wirtschaftliche oder sonst beachtliche außersteuerliche
  Gründe zu rechtfertigen ist.[102]

Entscheidend kommt es auf die Unangemessenheit der Rechtsgestaltung im
Kontext zu den erstrebten wirtschaftlichen Vorgängen oder Zuständen an. Eine
zivilrechtliche Gestaltung ist dann unangemessen, wenn verständige Parteien
zur Erreichung des erstrebten wirtschaftlichen Zwecks diese unter den gegebenen Umständen nicht gewählt hätten, insbesondere, wenn die Gestaltung überhaupt keinem wirtschaftlichen Zweck dienlich ist.[103]
Hinzutreten muss ein nicht vorhergesehener Steuervorteil. Dies ist der
Fall, wenn die gewählte Gestaltung dem Zweck des Gesetzes widerspricht und
dadurch begünstigende Steuergesetze erschlichen oder belastende Steuergesetze
vermieden werden.[104]
Letztlich dürfen keine beachtlichen außersteuerlichen Gründe vorliegen. Solche sind gegeben, wenn wirtschaftliche oder persönliche Gründe im
Vordergrund stehen und nach den Gesamtumständen wesentlich, d. h. für die
gewählte Gestaltung bestimmend gewesen sind.[105]

---

101   BFH Beschl. v. 24.05.2000 – II B 74/99, BeckRS 2000, 25005080.
102   BFH Urt. v. 17.03.2003 – IX R 56/03, BStBl. II 2004, 648.
103   Lippross / Seibel / *Krömker*, § 42 AO Rn. 3.
104   Lippross / Seibel / *Krömker*, § 42 AO Rn. 3.
105   Lippross / Seibel / *Krömker*, § 42 AO Rn. 3.

c) Rechtsfolge

Der Steueranspruch entsteht so, wie er bei einer den wirtschaftlichen Geschehen angemessenen rechtlichen Ausformung entstanden wäre. § 42 AO durchbricht den Grundsatz des § 38 AO, indem der tatsächlich verwirklichte Sachverhalt ausnahmsweise nicht der Besteuerung zugrunde gelegt wird.[106]

In Fällen der Testamentsgestaltung ließe sich eine den wirtschaftlichen Vorgängen angemessene rechtliche Gestaltung kaum finden, welche an die Stelle der von den Beteiligten durch das Testament getroffenen Verteilung gesetzt werden könnte. Eine Verteilung nach Maßgaben des Finanzamtes ist als Rechtsfolge kaum vorstellbar.[107]

Daher bleibt die zugrundeliegende zivilrechtliche Gestaltung unangetastet.[108]

Zivilrechtliche Folgen können sich allenfalls im Hinblick auf eine ergänzende Vertragsauslegung, den Wegfall der Geschäftsgrundlage oder aus den Vorschriften über die ungerechtfertigte Bereicherung (§ 812 Abs. 1 S 2. BGB) ergeben.[109]

d) Testamentsgestaltung

Der BFH sieht eine Gestaltung als unangemessen an, „wenn der Steuerpflichtige die vom Gesetzgeber vorausgesetzte Gestaltung zum Erreichen eines bestimmten wirtschaftlichen Ziels nicht braucht, sondern dafür einen ungewöhnlichen Weg wählt, auf dem nach der Wertung des Gesetzgebers das Ziel nicht erreichbar sein soll."[110]

Demzufolge scheidet von vornherein ein steuerlicher Gestaltungsmissbrauch aus, soweit das Steuerrecht nicht an einen durch zivilrechtliche Gestaltung umsetzbaren wirtschaftlichen Vorgang, sondern unmittelbar an zivilrechtliche Verhältnisse als solche anknüpft.[111] Gesetzlich ausdrücklich normiert ist in § 3 Abs. 1 Nr. 1 ErbStG die Vorschrift über das Vermächtnisrecht. Hieraus lässt sich folgern, dass, was zivilrechtlich als Vermächtnis, unabhängig in welcher Form, erlaubt ist, steuerrechtlich keinen Rechtsmissbrauch darstellen kann.[112]

---

106   Klein / *Ratschow*, § 42 AO Rn. 85.
107   *Piltz* ZEV 2005, 469, 472.
108   BFH Urt. v. 06.03.1996 – II R 38/93, DNotI-Report 1996, 175.
109   Klein / *Ratschow*, § 42 AO Rn. 87.
110   BFH Urt. v. 17. 12. 2003 – IX R 60/98, ZEV 2004, 214, 215; *Keim* ZEV 2016, 6, 12; *Mayer* DStR 2004, 1371, 1375.
111   Tipke / Kruse / *Drüen* § 42 AO Rn. 26.
112   *Piltz* ZEV 2005, 469, 472.

Der Testierende macht bei einer solchen Gestaltung lediglich von seiner verfassungsrechtlich garantierten Testierfreiheit (Art. 14 GG) Gebrauch und nutzt hierzu die im BGB seit über 100 Jahren bestehenden Gestaltungsinstrumente. Demzufolge kann eine gesetzlich im BGB vorgesehene Gestaltung steuerlich nicht verboten sein.[113]

Es ist in der Regel davon auszugehen, dass bei Gestaltungen durch Zweckvermächtnisse und insbesondere auch beim Supervermächtnis kein Gestaltungsmissbrauch zu erkennen ist, soweit damit keine Wertungen des Gesetzgebers (z.B. des § 6 Abs. 4 ErbStG) unterlaufen werden.

Darüber hinaus handelt es sich bei den steuerlichen Freibeträgen des § 16 ErbStG und den Progressionsstufen des § 19 ErbStG um gesetzlich vorgesehene Steuervorteile im Sinne des § 42 Abs. 2 S. 1 AO. Ein Missbrauch läge jedoch nur vor, wenn die Gestaltung zu einem gesetzlich **nicht** vorgesehenen Steuervorteil führte. Somit hat es keinen Umgehungscharakter, wenn diese Freibeträge bewusst ausgenutzt werden.[114]

II. Abzugsfähigkeit und Abzinsung

Bei zeitlich unbestimmter Fälligkeit des Vermächtnisanspruchs wird dieser erst mit Eintritt der Fälligkeit steuerlich abzugsfähig, § 9 Abs. 1 Nr. 1a ErbStG. Hingegen handelt es sich bei einem fixen Endzeitpunkt für das Vermächtnis um eine Betagung mit feststehender Fälligkeit, bei welcher der BFH § 9 Abs. 1 Nr. 1a ErbStG nicht anwendet. Demzufolge ist die Vermächtnisforderung bereits ab dem Erbfall – Entstehung der Erbschaftsteuer – als Nachlassverbindlichkeit abziehbar, § 10 Abs. 5 Nr. 2 ErbStG.[115]

Nach § 12 Abs. 3 BewG ist bei einer um mehr als ein Jahr hinausgeschobenen Fälligkeit eine Abzinsung der Forderung auf Basis eines jährlichen Zinssatzes von 5,5 % vorzunehmen. Dies kann bei Gestaltungen mit Vermächtnissen dazu führen, dass der gewünschte steuerliche Abzugseffekt beim längerlebenden Ehepartner als Erben umso kleiner ist, je länger die Fälligkeit hinausgeschoben wird.[116]

Oertzen und Lindermann vertreten hingegen, dass es sich um einen bedingten Erwerb von Todes wegen handele (§ 9 Abs. 1 Nr. 1 a ErbStG), zwischen

---

113   *Wachter* ErbR 2019, 621, 623.
114   *Oertzen / Lindermann* ZEV 2020, 144, 147. Ebenfalls Befürworter der steuerlichen Anerkennung des Supervermächtnisses, DNotI-Report, 2010, 3, 5.
115   BFH Urt. v. 27. 08. 2003 - II R 58/01, Anm. *Meincke*, ZEV 2004, 35 f.
116   *Mayer* DStR 2004, 1371, 1375.

dem Tod des Erstversterbenden und der Ausübung des Bestimmungsrechts des Überlebenden bestehe ein Schwebezustand, welcher einer Bedingung entspreche. Es handle sich um eine sogenannte Potestativbedingung, bei welcher der Bedingungseintritt einzig von der Entscheidung eines Beteiligten abhänge, was ebenfalls nicht gegen einen bedingten Erwerb spreche. Daraus folgt, dass erst mit Ausübung des Bestimmungsrechts die steuerliche Entlastung des erbenden Ehegatten eintrete. In dieser Konsequenz sei der Vermächtnisanspruch nicht nach § 12 Abs. 3 BewG abzuzinsen, da weder der konkrete Bedachte noch die Höhe der letztlich bestimmten Vermächtnisforderung oder der genaue Zeitpunkt der Erfüllung feststehe. Somit habe der Erbschaftsteuerbescheid des überlebenden Ehegatten vorläufig im Sinne des § 165 AO zu ergehen und sei bei Ausübung des Bestimmungsrechts abzuändern.[117]

Die ständige Rechtsprechung des BFH[118] zur einkommensteuerlichen Behandlung unverzinslicher Kapitalforderungen mit einer Laufzeit von mehr als einem Jahr, hat der BFH selbst in seinem Urteil vom 26.06.1996[119] ausdrücklich auf einen Fall übertragen, in dem die langfristige Kapitalüberlassung durch eine testamentarische Anordnung des Testators vorgegeben war und die Ausgleichsforderungen zwischen den Miterben anlässlich einer Erbauseinandersetzung näher festgelegt wurden. Es ist daher davon auszugehen, dass auch bei Vermächtnisgestaltungen diese Rechtsprechung Anwendung findet, sodass bei unverzinslichen Forderungen, deren Laufzeit mehr als ein Jahr beträgt, der § 12 Abs. 3 BewG Anwendung findet und eine Abzinsung mit einem Zinssatz von 5,5 % erfolgt.[120]

Die Anwendbarkeit des § 12 Abs. 3 BewG lässt sich dadurch vermeiden, dass die durch das Supervermächtnis hervorgerufene Begünstigung erst mit Ausübung der Wahlmöglichkeit entsteht. Durch entsprechende Gestaltung und zwar mit einer auf die Ausübung des Wahlrechts aufschiebend bedingten Vermächtnisanordnung (vgl. § 9 Abs. 1 Nr. 1a ErbStG) wird das Vermächtnis somit frühestens mit Ausübung dieses Wahlrechts fällig und bei einer entsprechend zeitnahen Erfüllung ist die Abzinsproblematik gelöst.[121]

---

117   *Oertzen / Lindermann* ZEV 2020, 144, 148.
118   BFH Urt. v. 14.02.1984 – VIII R 41 / 82, DStR 1984, 568; BFH Urt. v. 25.06.1974 – VIII R 163 / 71, DStR 1975, 344; BFH Urt. v. 21.10.1980 – VIII R 190/78, DStR 1981, 234.
119   BFH Urt. v. 26.06.1996 – VIII R 67/95, DStRE 1997.
120   *Mayer* DStR 2004, 1371, 1375 f.
121   *Streppel* DNotZ 2021, 259, 267.

III. Einkommensteuerpflicht

Es stellt sich die Frage, ob ein später fälliges Vermächtnis einkommensteuerliche Folgen nach sich ziehen könnte.

Der BFH hat in einem Urteil aus dem Jahre 1996 eine Einkommensteuerpflicht bejaht. Die zinslose Gewährung einer längerfristigen Zahlung in Raten könne eine Darlehensgewährung durch den Gläubiger darstellen und sei in dieser Konsequenz in einen ertragsteuerlich unbeachtlichen Kapitalwert und in ein Entgelt für die Zurverfügungstellung der Kapitalnutzung aufzuteilen. Die Kapitalnutzung wird dann den sonstigen Einkünften aus Kapitalvermögen gemäß § 20 Abs. 1 Nr. 7 EStG zugeordnet. Die Versteuerung erfolgt im Jahr des Zuflusses, was beispielsweise bei einer testamentarisch angeordneten Einmalzahlung zu einer enorm hohen Steuerbelastung durch die damit im Zusammenhang stehende Progression führen kann. In der Entscheidung des BFH war durch eine testamentarische Anordnung des Erblassers die ratenweise Ausgleichszahlung im Rahmen einer Erbauseinandersetzung vorgegeben.[122]

Gleichermaßen hat jedoch der BFH in verschiedenen Urteilen Abfindungszahlungen der Eltern für einen erklärten Pflichtteilsverzicht der Kinder als nicht einkommensteuerbar angesehen. Verzichte ein Abkömmling auf künftige Pflichtteilsansprüche und erhalte hierfür von den Eltern wiederkehrende Zahlungen, so stelle dies keinen steuer- oder zivilrechtlich entgeltlichen Leistungsaustausch dar und ebenso auch keine Kapitalüberlassung des Abkömmlings an die Eltern. Folglich sei in der wiederkehrenden Zahlung kein einkommensteuerbarer Zinsanteil enthalten. Ebenfalls wird in diesen Entscheidungen bekräftigt, dass der vor Eintritt des Erbfalls erklärte Erb-und/oder Pflichtteilsverzicht ein erbrechtlicher, unentgeltlicher Vertrag sei, welcher der Regulierung der Vermögensnachfolge dienen solle und nicht der Einkommensteuer unterliege.[123]

Demzufolge stellt ein Vermächtniserwerb einen unentgeltlichen Erwerb dar, welcher von Todes wegen erfolgt und demgemäß der Erbschaft- und nicht der Einkommensteuer unterliegt. Ist die Fälligkeit durch testamentarische Anordnung aufgeschoben, ist auch diese Regelung ein rein erbrechtlicher Erwerbstatbestand.[124]

---

122 BFH Urt. v. 26.06.1996 – VIII R 67/95, DStRE 1997, 65; *Keim* ZEV 2016, 6, 13; *Mayer* ErbR 2011, 322, 333.

123 BFH Urt. v. 09.02.2010 – VIII R 43/06, DStR 2010, 1327; BFH Urt. v. 20.11.2012 – VIII R 57/10, DStRE 2013, 393.

124 *Keim* ZEV 2016, 6, 13.

Im Gegensatz dazu befasste sich der BFH in der Entscheidung aus dem Jahre 1996 mit einer Vereinbarung **unter Lebenden**. Eine entgeltliche Kapitalüberlassung kann durch eine vom Erblasser selbst bestimmte Fälligkeitsanordnung, einer Abfindung oder einer aufgeschobenen Fälligkeit eines Vermächtnisses nicht verwirklicht werden.[125]

Oertzen und *Lindermann* vertreten die Annahme eines bedingten Erwerbes nach § 9 Abs. 1 Nr. 1a ErbStG ohne feststehenden Fälligkeitszeitpunkt, so dass auch hier kein Zinsanteil ertragsteuerlich zu erfassen sei.[126]

Mayer empfiehlt in diesem Kontext, insbesondere aufgrund des Urteils des BFH vom 09.02.2010[127], in der Befugnis des belasteten Erben zur Auswahl des Vermächtnisobjekts kein Wahlvermächtnis zu sehen. Dies hätte zur Folge, dass bei Zahlung einer Geldleistung, bei einer Wahlschuld, angenommen werden müsste, es sei von Anfang an eine Geldleistung geschuldet worden. Aus steuerlicher Sicht wäre es daher angezeigt, eine Ersetzungsbefugnis des Erben testamentarisch anzuordnen, wonach der Erbe die zunächst geschuldete Sachleistung auch durch eine Geldzahlung erfüllen könnte. Hierdurch würde es nach Ausübung der Ersetzungsbefugnis bei der originären Sachleistungsschuld bleiben.[128]

125　*Keim* ZEV 2016, 6, 13.
126　*Oertzen / Lindermann* ZEV 2020, 144, 148.
127　Siehe Fn. 116.
128　*Mayer* ErbR 2011, 322, 333.

2. Teil Rechtsprechung und Literatur

A. Gerichtliche Entscheidungen

In diesem Abschnitt werden zum einen der Überprüfungsumfang der Gerichte und zum anderen weitere erwähnenswerte gerichtliche Entscheidungen im Kontext des Supervermächtnisses präsentiert.

I. Überprüfungsumfang der Gerichte

Im Folgenden wird die Frage erörtert, ob das Gericht eine Ermessenskontrolle hinsichtlich der Bestimmung des Vermächtnisnehmers ausüben kann. Des Weiteren wird die Entscheidungskompetenz des Gerichts bezogen auf die Leistungsbestimmung des Beschwerten sowie die Fristsetzung zur Bestimmungserklärung dargestellt.

1. Ermessenskontrolle

a) Auswahlermessen

Die Möglichkeit der Nachprüfung des Auswahlermessens (§§ 315 ff. BGB), also der Bestimmung des Vermächtnisnehmers durch ein Gericht, ist umstritten. Nach herrschender Ansicht wird zumindest bei einer offenbar unbilligen Auswahlentscheidung eine Bestimmung durch Urteil (analog § 319 BGB) grundsätzlich ausgeschlossen.[129] Jedoch wird auch vertreten, dass der Maßstab gerichtlicher Kontrolle zwar begrenzt jedoch nicht gänzlich ausgeschlossen sei. Es bestehe eine gerichtliche Überprüfung mit eingeschränktem Ausmaß. Der gerichtliche Prüfungsmaßstab sei dabei auf die Frage, ob eine wirksame Bestimmungserklärung vorläge, begrenzt. Eine solche liege vor, wenn der Bestimmungsberechtigte handlungsfähig ist und seine Auswahl aus dem Kreis, der durch Vermächtnis Begünstigten, getroffen hat, ohne dabei sittenwidrig oder arglistig zu handeln. Dies wäre beispielsweise der Fall, wenn der Bestimmungsberechtigte seinen todkranken Ehegatten, dessen Alleinerbe er ist, begünstigt, wenn der Erblasser ihn gerade nicht begünstigen wollte. Eine Prüfung der Billigkeit findet vorliegend nicht statt.[130]

---

129 BeckOGK / *Hölscher* § 2151 Rn. 26.
130 Damrau / Tanck / *Linnartz* § 2151 Rn. 17; *Keim* ZEV 2016, 6, 10; MüKoBGB / *Rudy* § 2151 Rn. 12; a.A. *Mayer* MittBayNot 1999, 447, 450 hält das Auswahlermessen für

Eine vollumfängliche gerichtliche Überprüfung sei anzunehmen, wenn der Testator bestimmte tatbestandsmäßige Voraussetzungen festgelegt habe, von welchen das Entstehen des Bestimmungsrechts abhängen solle. Liegen diese Voraussetzungen nicht vor, bestehe kein Bestimmungsrecht.[131]

Ein potentieller Vermächtnisnehmer, welcher nicht durch den Beschwerten ausgewählt wurde, hätte die Möglichkeit, eine gerichtliche Entscheidung -im beschriebenen Ausmaß- hinsichtlich der Auswahl anzustreben.

b) *Leistungsbestimmung durch das Gericht bei Verzögerung oder Unbilligkeit, §§ 2156 S. 2, 315 Abs. 3, S. 2 BGB*

Wird die Leistungsbestimmung durch den Beschwerten verzögert oder ist diese unbillig, kann das Gericht diese Bestimmung durch Urteil treffen. Hat der Beschwerte selbst die Erfüllung des Vermächtnisses vereitelt, kommt dies einer Verzögerung gleich.[132]

2. Fristsetzung durch das Nachlassgericht

Gemäß § 2151 Abs. 3 BGB kann jeder Beteiligte dem Bestimmungsberechtigten eine Frist zur Abgabe seiner Bestimmungserklärung setzen. Ist diese Frist verstrichen, ohne dass zuvor eine entsprechende Erklärung erfolgte, werden die Bedachten Gesamtgläubiger.

Dem Vermächtnisnehmer steht hinsichtlich der Bestimmung der Anteile ebenfalls ein Antragsrecht auf Fristsetzung gemäß § 2153 Abs. 2 S. 2 BGB zu. Im Gegensatz zu § 2151 BGB werden die Bedachten nicht Gesamtgläubiger, sondern zu gleichen Teilen Berechtigte, § 2153 Abs. 2 S. 1 BGB.

Ist der Bestimmungsberechtigte in der Lage, eine Bestimmung zu treffen, trifft er eine solche Entscheidung aber dennoch nicht, kann das Nachlassgericht auf Antrag eine Frist zur Abgabe der Bestimmungserklärung setzen.[133]

---

gerichtlich grundsätzlich nicht nachprüfbar, außer bei Arglist oder Sittenwidrigkeit. Die Bestimmung des Vermächtnisnehmers liege im freien Ermessen des Bestimmungsberechtigten.

131 *Mayer* MittBayNot 1999, 447, 450 f.
132 BeckOGK / *Hölscher* § 2156 Rn. 14 f.
133 BeckOGK / *Hölscher* § 2151 Rn. 13 f.

3. Konsequenz für die Gestaltung des Supervermächtnisses

Aufgrund des Überprüfungsumfangs und der Möglichkeit einer Fristsetzung durch das Gericht ergibt sich ein erhebliches Streitpotenzial. Zum einen dadurch, dass der Erbe unter Druck gesetzt werden könnte, eine Bestimmung vorzunehmen, und zum anderen aus Sicht des Vermächtnisnehmers, dass die Bestimmung unnötig verzögert wird. Daher ist die Gestaltung eines Supervermächtnisses in Hinblick auf diese Punkte möglichst vorbeugend zu formulieren.

II. BGH

1. Urteil vom 18.11.1954 – IV ZR 152/54

Der BGH hatte in dieser Entscheidung über die Gültigkeit einer Testamentsbestimmung zu entscheiden. Im Testament war eine Vor- und Nacherbschaft angeordnet, wobei die benannten Testamentsvollstrecker insbesondere die Wahrung der Rechte und Pflichten der Nacherben zur Aufgabe hatten.

a) Sachverhalt

Der entscheidende Passus des Testamentes lautet wie folgt:

> „Sie [die Testamentsvollstrecker] können auch, sofern die Bestimmungen des Testaments über die Nacherbschaft im Einzelfall durch die Entwicklung der Verhältnisse unzweckmäßig und dem Grundgedanken des Testaments hinderlich geworden sind, mit dem mutmaßlichen Nacherben bindende Vereinbarungen über den **endgültigen Eintritt der Nacherbfolge treffen.**"[134]

b) Entscheidungsinhalt

Der BGH urteilte, dass der Erblasser die Bestimmung des Zeitpunktes, in dem die Nacherbfolge eintreten soll, keinem Dritten überlassen könne.

Danach seien Bedingungen, welche an das Tun oder Unterlassen eines Dritten anknüpfen, nach § 2065 BGB unzulässig, wenn der Erblasser hinsichtlich der von ihm selbst zu treffenden Entscheidung unentschlossen war und die Bedingung von ihm nur als Mittel benutzt wurde, um den Entschluss dem Bedachten oder Dritten zu überlassen. Der Erblasser hat den Zeitpunkt des Eintritts der Nacherbfolge nach § 2065 BGB selbst zu bestimmen. Diese Bestimmung habe vorliegend der Erblasser jedoch zur Disposition der

---

134   BGH Urt. v. 18.11.1954 – IV ZR 152/54 NJW 1955, 100, 100.

Testamentsvollstrecker gestellt und diesen die Möglichkeit eingeräumt, **nach ihrem Ermessen** einen anderen Zeitpunkt für den Eintritt der Nacherbfolge zu bestimmen.

Eigens habe es der Erblasser den Testamentsvollstreckern überlassen, den Zeitpunkt des Eintritts der Nacherbfolge zu bestimmen, weil der Erblasser selbst für seine Willensbildung die maßgeblichen in der Zukunft liegenden Umstände nicht vorhersehen konnte. Darin liegt insbesondere der Unterschied zur zulässigen Übertragung der Aufgabe, zu erkennen und auszusprechen, wann nach dem Willen des Erblassers der Nacherbfall eintreten solle.

Die Zweite Kommission für die Lesung des Entwurfs des BGB hat hierin wie auch der BGH einen Verstoß gegen § 2065 Abs. 2 BGB gesehen und führte damals aus, die Umstände, die der Erblasser nicht habe voraussehen können, könne er bei Errichtung eines Testament nicht berücksichtigen.[135]

c) Folgen

Diese Entscheidung verdeutlicht die Grenzen testamentarischer Gestaltung. Ist der Testierende selbst unsicher und knüpft aus diesem Grund Bedingungen an das Handeln oder Unterlassen einer weiteren Person, um dieser Person selbst letztlich den Entschluss über den zeitlichen Eintritt der Nacherbfolge zu überlassen, stellt dieses eine Missachtung des § 2065 Abs. 2 BGB dar. Eine Vertretung im Willen ist unzulässig. Die Bestimmung des Zeitpunktes, in dem ein Vermächtnis anfällt und fällig wird, kann hingegen grundsätzlich ins freie Belieben des Beschwerten gestellt werden. Damit tritt an dieser Stelle noch einmal deutlich zu Tage, dass die Gestaltung mittels Vermächtnissen einen nennenswert größeren Gestaltungsspielraum bietet als die Gestaltung durch Vor- und Nacherbschaften.

2. Urteil vom 22.09.1982 – IVa ZR 26/81

In dieser Entscheidung hatte sich der BGH mit einer Auslegungsfrage eines gemeinschaftlichen Testamentes und einem darin enthaltenen Zweckvermächtnis auseinanderzusetzen.

a) Sachverhalt

Streitgegenständlich war ein privatschriftliches gemeinschaftliches Testament mit folgendem Inhalt:

---

135   BGH Urt. v. 18.11.1954 – IV ZR 152/54 NJW 1955, 100, 100 f; Protokolle, V, S. 19.

„Wir setzen uns gegenseitig zum alleinigen Erben ein. Nacherbe beim Tode des Letztlebenden ist unser gemeinschaftlicher Sohn L. Die Nacherbfolge soll außer beim Tode auch schon eintreten, wenn der Ehemann als Überlebender sich wieder verheiratet. Im Falle der Wiederverheiratung des Ehemannes soll dieser dann Nießbrauch und Verwaltung erhalten. Außer dem Nacherben ist aus unserer Ehe noch unser Sohn K hervorgegangen. Der Nacherbe ist verpflichtet, beim Eintreten des Nacherbenrechts seinem Bruder als Abfindung vom elterlichen Vermögen eine Summe auszuzahlen, deren Höhe dem Überlebenden von uns vorbehalten bleiben soll. [...]"

1958 wurde zwischen dem Sohn K und seinem Vater eine Abfindung i.H.v. 11.200 DM vereinbart, welche 1975 durch notariellen Vertrag aufgehoben wurde. In einem notariellen Testament von 1964 setzte der Vater die Abfindung des Sohnes K auf 40.000 DM fest, dieses Testament wurde 1971 aus der amtlichen Verwahrung zurückgegeben. Der Sohn L, welcher als „Nacherbe" vorgesehen war, starb 1971 und wurde durch seine Abkömmlinge und Ehefrau beerbt. Der Vater errichtete dann 1971 ein weiteres notarielles Testament, welches den Sohn K als Erben auswies. Für den Fall der Unwirksamkeit der Erbeinsetzung war für den Sohn K eine Abfindung i.H.v. 350.000 DM vorgesehen. Der Erbschein von 1978, welcher nach dem Tode des Vaters ausgestellt wurde, wies die Abkömmlinge und die Ehefrau des Sohnes L als Erben der Mutter der Söhne K und L aus. Der Sohn K erhob Klage auf Zahlung i.H.v. 350.000 DM.

Das Landgericht hält die Festsetzung der Abfindung auf einen solchen Betrag für sittenwidrig, weil diese den Nachlasswert übersteige. Dem Sohn K wurde daher nur ein Pflichtteilsanspruch zugebilligt. Mit der Berufung forderte der Sohn K eine Abfindung i.H.v. 261.870,77 DM. Das Berufungsgericht wies die Berufung zurück. Die Revision führte zur Aufhebung und Zurückweisung.

b) Leitsätze der Entscheidung

„1. Setzen Ehegatten einander in einem gemeinschaftlichen Testament gegenseitig zu Alleinerben ein und bestimmen sie, dass „Nacherbe beim Tode des Letztlebenden" ein gemeinschaftlicher Sohn sein soll, dann kann es sich um ein Berliner Testament handeln. Das gilt auch dann, wenn im Falle der Wiederverheiratung des überlebenden Ehegatten Nacherbfolge (§§ 2100 f. BGB) eintreten soll.

2. Soll der übergangene Sohn der Ehegatten eine Abfindung erhalten, deren Höhe der Überlebende bestimmen soll, dann kann es sich um ein Zweckvermächtnis i. S. von § 2156 BGB handeln.

3. Zur Auslegung des Begriffs "Abfindung" in diesem Fall."[136]

---

136   BGH Urt. v. 22.09.1982 – IVa ZR 26/81, NJW 1983, 277, 277.

In den Entscheidungsgründen stellte der BGH fest, dass der Zweck des – dem Sohn K zugedachten – Vermächtnisses als „Abfindung" in dem gemeinschaftlichen Testament hinreichend bestimmt sei, sodass die Erblasserin die nähere Festsetzung der Höhe den Beschwerten oder einem Dritten, also auch dem Vater des Sohnes K überlassen konnte, allerdings nicht in dessen freies Belieben, sondern lediglich in sein billiges Ermessen, welches gemäß § 317 Abs. 1 BGB im Zweifel anzunehmen ist.[137]

c) Folgen

Aus dem obiter dictum der vorstehenden Entscheidung des BGH kann die Legitimität des Supervermächtnisses abgeleitet werden. Aus diesem Urteil ist bereits der Kern einer korrekten Zwecksetzung eines Zweckvermächtnisses ersichtlich. Der Zweck ist zum einen in der Abfindung der Abkömmlinge dafür, dass diese beim ersten Erbfall durch Einsetzung des überlebenden Ehegatten enterbt werden, zu sehen und zum anderen in der Möglichkeit des Längerlebenden, unter Berücksichtigung seiner individuellen wirtschaftlichen Situation eine spätere Vermögenszuweisung vorzunehmen.[138]

III. OLG Hamm – Beschluss vom 16.08.2018 – 15 W 256/18

Das Oberlandesgericht Hamm hatte sich seinerzeit mit der Frage zu befassen, wie der Grundbuchvollzug bei der Nachlassabwicklung in einem atypischen Fall eines Supervermächtnisses zu bewerten ist.

1. Sachverhalt

Dem Beschluss lag folgender Sachverhalt zugrunde:
Die Töchter des Erblassers wurden durch testamentarische Anordnung zu Erben eingesetzt. Zudem wurde ein Supervermächtnis zugunsten der Enkel angeordnet, um die erbschaftsteuerlichen Freibeträge auszunutzen. Der Erblasser hat in seiner letztwilligen Verfügung für die Vermächtnisse die Testamentsvollstreckung angeordnet, wobei als Testamentsvollstreckerin die ältere Tochter, ersatzweise die jüngere Tochter, benannt wurde. Das zum Nachlass gehörende Grundstück wollten die Erben an einen fremden Dritten verkaufen, wozu eine Auflassungsvormerkung im Grundbuch eingetragen werden sollte. Das Grundbuchamt verweigerte jedoch die Eintragung und forderte

---

137   BGH Urt. v. 22.09.1982 – IVa ZR 26/81, NJW 1983, 277, 278.
138   *Oertzen / Lindermann* ZEV 2020, 144, 146.

die Vorlage eines Testamentsvollstreckerzeugnisses sowie die Zustimmung der Testamentsvollstreckerin. Nach Ansicht des Grundbuchamtes sei es möglich, dass das Vermächtnis der Enkel sich auch auf das in Rede stehende Grundstück beziehe und somit die Testamentsvollstreckerin verfügungsberechtigt sei. Hiergegen legten die Erben Beschwerde ein, welche Erfolg hatte. Das Grundbuchamt wurde vom OLG Hamm angewiesen, die Vormerkung einzutragen.[139]

2. Entscheidungsinhalt

Das Oberlandesgericht Hamm beschloss:

„1. Das sogenannte Supervermächtnis ist grundsätzlich zulässig.
2. Das Bestimmungsrecht bezüglich mehrerer Vermächtnisgegenstände steht im Zweifel dem Beschwerten zu.
3. Die Testamentsvollstreckung kann sich nur auf das Vermächtnis beziehen und muss nicht auch den vermachten Gegenstand umfassen. In diesem Fall sind die Erben zur Verfügung über das vermachte Grundstück alleine befugt, so dass dem Grundbuchamt kein Testamentsvollstreckerzeugnis vorzulegen ist."[140]

Das OLG Hamm hat seine Entscheidung damit begründet, dass sich die angeordnete Testamentsvollstreckung nicht auf das in Rede stehende Grundstück beziehe, sondern sich ausschließlich in der Verwaltung des Vermächtnisses zugunsten der Enkel erschöpfe. In dem angeordneten Supervermächtnis zugunsten der Enkel sei das Bestimmungsrecht, welche Grundstücke Gegenstand des Vermächtnisses seien, bei den Töchtern als Erben zu verorten, sodass im Abschluss des Kaufvertrages eine konkludente Bestimmung der Erben zu sehen sei, dass zumindest das vertragsgegenständliche Grundstück nicht Gegenstand des Supervermächtnisses sei.[141]

3. Folgen

In Hinblick auf die Frage der gerichtlichen Anerkennung der erbrechtlichen Gestaltung des Supervermächtnisses hat das OLG Hamm die Zulässigkeit nicht in Zweifel gezogen, mittelbar kann man von einer Anerkennung durch das Gericht sprechen. Jedoch wird auch deutlich, dass bei den Gestaltungen

---

139 OLG Hamm Beschl. v. 16.09.2018 – 15 W 256/18, ErbR 2019, 650; *Wachter* ErbR 2019, 621, 623.
140 Leitsätze OLG Hamm Beschl. v. 16.09.2018 – 15 W 256/18, ErbR 2019, 650 f.; *Wachter* ErbR 2019, 621, 623.
141 OLG Hamm Beschl. v. 16.09.2018 – 15 W 256/18, ErbR 2019, 650 f.

auf eine unzweifelhafte und klare Formulierung zu achten ist, um solche Streitigkeiten über die Auslegung einer letztwilligen Verfügung möglichst zu vermeiden.

B. Stimmen in der Literatur

Im Folgenden werden exemplarisch einzelne Stimmen von Befürwortern und
Kritikern des Supervermächtnisses auszugsweise dargestellt.

I. Unterstützer des Supervermächtnisses

1. Keim

Keim hält das Supervermächtnis für ein geeignetes Gestaltungsmittel, um die
erbschaftsteuerlichen Nachteile des Berliner Testaments zu mildern und gleichermaßen das Versorgungsinteresse des Längerlebenden nicht zu stark zu
beeinträchtigen.[142]

Hinsichtlich der Zweckbestimmung sei der Zweck der Erbschaftsteuerersparnis nach Ansicht von *Keim* bereits für sich betrachtet ausreichend, um
eine Ermessensentscheidung zu ermöglichen. Die einzelnen steuerlichen
Freibeträge der Beteiligten geben den Rahmen, innerhalb welcher sich der
Bestimmungsberechtigte bewegen könne. In dieser Konsequenz werde eine
willkürliche Verteilung verhindert, allein dadurch, dass diese erbschaftsteuerlich zu einer unvernünftigen Gesamtbelastung für die beiden Erklärenden
führen würde. Der Entscheidungsspielraum des Längerlebenden ist dagegen
gewollt und vom Gesetz gestattet.[143]

Die Zielsetzung des Supervermächtnisses wird durch die Möglichkeit einer
Fristsetzung des Nachlassgerichtes zur Abgabe einer Bestimmungserklärung
beeinträchtigt. Um dem Ziel, dem überlebenden Ehepartner gegenüber seinen Kindern einen möglichst großen, insbesondere zeitlichen Spielraum
für seine Entscheidung über das Vermächtnis zu geben, schlägt Keim zwei
ergänzende Anordnungen vor. Zum einen könnte der Erblasser selbst eine
Frist zur Bestimmung des Bedachten festlegen. Solange diese nicht abgelau-
fen ist, wäre eine gerichtliche Festsetzung nicht zulässig. Zum anderen könnten die Beteiligten von der Antragstellung bei Gericht dadurch abgeschreckt
werden, dass derjenige vom Vermächtnis ausgeschlossen wird, der einen
solchen Antrag bei Gericht stellt. Den Abkömmlingen steht, aufgrund der

---

142   *Keim* ZEV 2016, 6, 14.
143   *Keim* ZEV 2016, 6, 9.

Möglichkeit der Ausschlagung des Vermächtnisses und der Geltendmachung ihres Pflichtteils, ein ausreichender Schutz zu, § 2307 BGB. Ähnlich einer allgemeinen Pflichtteilsstrafklausel müsse auch eine solche Bestimmung zulässig sein, nach der der Antrag auf eine Bestimmungsfrist zur Verwirkung des Vermächtnisses führt. Eine sittenwidrige Zweck-Mittel-Relation bestehe nicht, da der Erblasser das grundsätzlich anerkennenswerte Ziel verfolge, dem überlebenden Ehepartner die Verwaltung des Nachlasses zu erleichtern.[144]

Ein Untervermächtnis, in Form einer vollstreckungsrechtlichen Vereinbarung, sei im Hinblick auf den in der Regel nicht vorliegenden Anordnungsgrund nicht unbedingt notwendig. Nützlich sei jedoch eine Verwirkungsklausel, für den Fall, dass die Kinder die Ausübung der Bestimmung vom überlebenden Elternteil einklagen.[145]

2. Ebeling

Ein weiterer Befürworter des Supervermächtnisses ist *Ebeling*, dieser ist der Meinung:

„Die Vorzüge dieses „Supervermächtnisses", dass das in jeder guten Ehe unendliche gegenseitige Vertrauen in die gerechte Durchführung derartiger testamentarischer Anordnungen voraussetzt, liegen auf der Hand. Es handelt sich um ein Bündel von Ermächtigungen zu Korrekturen, die entweder zu Lebzeiten des Erblassers nicht mehr geregelt werden konnten oder – wissentlich und willentlich – auf Grund dieser Generalklausel den Eheleuten auch nicht mehr regelungsbedürftig erschienen. Diese Generalklausel überdauert jegliche Änderung im Familienbestand, im Vermögen der Eheleute und jegliche Änderung des Erbschaftsteuergesetzes und hat den gar nicht hoch genug einzuschätzenden Vorteil, dass in unterschiedlicher Höhe vorgenommene Schenkungen und nicht mehr zum Tragen gekommene Ausgleichsschenkungen durch den überlebenden Ehepartner reguliert werden können. Überspitzt lässt sich festhalten, dass es sich um ein „einmaliges" Testament handelt, das keiner Anpassung an geänderte Verhältnisse bedarf." [146]

3. Wachter

Wachter ist der Überzeugung, dass sich in den letzten 20 Jahren das Supervermächtnis in der Praxis durchgesetzt und allgemein bewährt habe. Die vereinzelte Kritik an diesem überzeuge ihn nicht. Beim Supervermächtnis müsse der

---

144 *Keim* ZEV 2016, 6, 10; vergl. auch MüKoBGB / *Rudy* § 2151 Rn. 5.
145 *Keim* ZEV 2016, 6, 13.
146 *Ebeling* ZEV 2000, 88.

Erblasser gewissermaßen nur den äußeren Rahmen für das Vermächtnis selbst vorgeben und könne die konkrete Umsetzung und Ausgestaltung noch offenlassen, welches viele Erblasser schlichtweg als „super" empfänden, wenn sie dadurch von den erbrechtlichen Fesseln des Typen- und Formzwangs befreit werden und von den Vorteilen der Gestaltungsfreiheit bei einem schuldrechtlichen Vermächtnis profitieren können.[147]

II. Kritiker

1. Kanzleiter

Kanzleiter ist der Meinung das Supervermächtnis sei „in keinem Fall eine empfehlenswerte Gestaltung".[148] Zudem bezweifelt er grundsätzlich die zivilrechtliche Wirksamkeit des Supervermächtnisses.[149]

Im Einzelnen wirft er die Frage auf, wieweit die Abstraktion des Zwecks, der mit dem Vermächtnis erreicht werden soll, gehen könne, um als wirksames Zweckvermächtnis nach § 2156 BGB gelten zu können.[150]

Den Zweck, dem enterbten Kind eine Abfindung zu gewähren und die Erbschaftsteuerfreibeträge auszunutzen, hält er für zu unbestimmt, um eine Entscheidung nach billigem Ermessen sowie deren gerichtliche Überprüfung zu ermöglichen. Als Gesichtspunkte der Ermessensentscheidung seien die Höhe des Pflichtteils, die Höhe des gesetzlichen Erbteils, der Wert und die Zusammensetzung des Nachlasses und die eigenen Interessen des Erben zu berücksichtigen. Unter Zugrundelegung dieser Gesichtspunkte sieht *Kanzleiter* keine Argumente, welche eine Entscheidung nach „billigem Ermessen" und deren gerichtliche Überprüfung ermöglichen würden. Danach entspräche fast jede Entscheidung „billigem Ermessen", da sich der Längerlebende bei mehreren Kindern als Bedachte auch dazu entschließen könne, einem Abkömmling nichts zuzuwenden. Dies Ergebnis entspreche zwar dem Sinn des Supervermächtnisses, weil eine kontrollierbare Grenze vom Erblasser nicht gewünscht sei, da der überlebende Ehegatte „freie Hand" haben solle. Ein solches willkürliches Bestimmungsrecht entspreche jedoch nicht dem Sinn des § 2156 BGB.[151]

Ebenfalls lasse sich für diese Argumentation ins Feld führen, dass eine enge Auslegung des § 2156 BGB angezeigt sei, da es sich um eine Ausnahme vom

---

147 *Wachter* ErbR 2019, 621, 622 f.
148 *Kanzleiter* in FS Brambring, 225 f.; *Kanzleiter* ZEV 2014, 225, 229.
149 *Keim* ZEV 2016, 6, 7.
150 *Kanzleiter* in FS Brambring, 225, 227.
151 *Kanzleiter* in FS Brambring, 225, 229; *Keim* ZEV 2016, 6,8.

Grundsatz des § 2065 Abs. 2 Alt. 2 BGB handle, nachdem der Erblasser die Bestimmung des Zuwendungsgegenstands eben nicht einem anderen überlassen könne[152] (§ 2065 Abs. 2 Alt. 2 BGB: „Der Erblasser kann die Bestimmung der Person, die eine Zuwendung erhalten soll, sowie die Bestimmung des Gegenstands der Zuwendung **nicht einem anderen überlassen.**").

2. Gockel

Gockel hält es für erstaunlich, dass das Supervermächtnis zulässig sein soll. Für ihn beschreibe dieser Begriff ein Vermächtnis, bei dem so gut wie nichts festgelegt sei.[153]

C. Bewertung

Das Supervermächtnis führt zu kontroversen Debatten. Zusammenfassend wird ein Überblick über die vorzugswürdigen und kritischen Gesichtspunkte dieser Vermächtnisgestaltung gegeben.

I. Vorteile und Chancen

1. Anerkannt

Das Supervermächtnis gilt als Gestaltungsmittel mittlerweile in seinem Grundsatz überwiegend als anerkannt. Hierfür spricht, dass es bislang noch zu keiner konkreten Entscheidung des BGH oder BFH gekommen ist; noch, dass es eine Stellungnahme der Finanzverwaltung gegeben hätte, welche sich gegen eine grundsätzliche Wirksamkeit aussprechen. Insbesondere die Entscheidung des OLG Hamm[154] ist richtungweisend, da dieses sich im ersten Leitsatz klar für die Zulässigkeit des Supervermächtnisses ausgesprochen hat. Ein weit überwiegender Teil der Literatur erkennt das Supervermächtnis in seinen Grundzügen ebenfalls an.

2. Flexibilität

Die Stärken dieses besonderen Vermächtnisses sind seine Flexibilität und vielseitige Variabilität. Dem Erben[155] wird ein hoher Entscheidungsspielraum

---

152 *Kanzleiter* in FS Brambring, 225, 229; *Keim* ZEV 2016, 6, 8.
153 Gockel – Notar Formulare Testamentsgestaltung / *Gockel*, § 5 Rn. 21.
154 OLG Hamm Beschl. v. 16.09.2018 – 15 W 256/18, ErbR 2019, 650 f.
155 Beim Ehegattentestament der Längerlebende.

mit der Möglichkeit gewährt, auch zu einem späteren Zeitpunkt z.B. lebzeitige Schenkungen auszugleichen, Berichtigungen und Anpassungen der Vermögensverteilung vorzunehmen, einen Wandel in der Familienkonstellation berücksichtigen zu können und die Unternehmensnachfolge zu bestimmen. Der Erbe kann hinsichtlich der zeitlichen Auskehrung, des Umfanges und Gegenstandes des Vermächtnisses sowie bei der Auswahl aus dem Kreis der Vermächtnisnehmer flexibel agieren. Durch diese Flexibilität kann der Erbe ebenso seine persönlichen Bedürfnisse in finanzieller und auch sozialer Hinsicht leichter verwirklichen.

Die Flexibilität zeigt sich auch darin, dass viele einschränkende Bestimmungen, welche für die Erbeinsetzung gelten, für Vermächtnisse nicht anwendbar sind. Darüber hinaus besteht die Möglichkeit, eine noch nicht gezeugte Person als Vermächtnisnehmer zu bestimmen. Gemäß § 2178 BGB fällt das Vermächtnis dann erst mit der Geburt an. Die Gestaltung von Vermächtnissen ist im Gegensatz zur Vor- und Nacherbschaft flexibler, da das Vermächtnis nur schuldrechtliche Wirkung entfaltet und demzufolge den Beschwerten weniger stark belastet.[156] Insgesamt besteht die Möglichkeit, eine Vielzahl von Gestaltungen vorzunehmen.

Ferner kann die Gestaltung eines Testaments mit Supervermächtnis gegenüber den üblichen Standardformen von Testamenten auch Gesetzesänderungen überdauern, da durch die offene und weniger starre Gestaltung auf die Veränderungen durch die Bestimmungsberechtigten reagiert werden kann. Zudem sind häufige Anpassungen des Testaments zu Lebzeiten des Testierenden, welche sowohl eine Kostenfrage als auch eine emotionale Belastung darstellen können, obsolet. Dies gilt im besonderen Maße auch für junge Testierende, welche wohl am schwierigsten zukünftige Versorgungsbedürfnisse absehen können. Ebenfalls werden auch erhebliche wirtschaftliche Schwankungen aufgefangen.

3. Individualität

a) Für den Testierenden

Es besteht die Möglichkeit für den Testierenden, individuelle Grundsätze hinsichtlich der Zuwendung festzulegen. Zur Verringerung des Risikos, dass eine Zweckangabe nicht hinreichend bestimmt sein könnte, besteht die Möglichkeit, den überlebenden Ehegatten sowie einer potenziellen gerichtlichen Kontrollinstanz für die Ausübung des billigen Ermessens weitere Maßstäbe vorzugeben.

---

156 *Mayer* ErbR 2011, 322, 322.

Es können individuelle Grundsätze im Hinblick auf die wertmäßige Höhe einer Zuwendung sowie die Zuwendung insgesamt festgelegt werden. Zudem könnte bestimmt werden, dass bei Abweichung von diesen Maßstäben eine besondere Begründung erforderlich wird.[157] Darüber hinaus kann der Testierende auch individuell festlegen, ob das Bestimmungsrecht vererbbar sein oder ob dieses beim Tod oder Geschäftsunfähigkeit des Bestimmungsberechtigten auf eine andere Person übergehen oder entfallen soll.

b) Für den Erben

Die Individualität ist auch darin zu erkennen, dass der Erbe hinsichtlich der Gegenstände des Vermächtnisses spezifisch handeln kann. Bei mehreren Abkömmlingen und ganz unterschiedlichen persönlichen Bedürfnissen dieser steht es dem Erben aufgrund des Supervermächtnisses offen, einem Abkömmling beispielsweise ein Grundstück, einem anderen Geld und einem weiteren Gemälde und Schmuck zu übertragen.

4. Steueroptimierung

Durch die Gestaltung eines Supervermächtnisses können typische erbschaftsteuerliche Nachteile des Standardtypus des Berliner Testamentes abgemildert werden, und zwar, dass bei Überschreitung der Erbschaftsteuerfreibeträge gem. §§ 15, 16 ErbStG das Vermögen des zuerst Versterbenden zweimal besteuert werden würde. Zum einen beim Erwerb des Längerlebenden und zum anderen beim Erwerb durch die Abkömmlinge des Schlusserben. Unvorteilhafter Weise bleibt der Erbschaftsteuerfreibetrag der Abkömmlinge nach dem Erstversterbenden gänzlich ungenutzt. Das Vermögen beim Letztversterbenden ist entsprechend erhöht, welches zur Folge hat, dass beim Versterben des Längerlebenden gegebenenfalls die Freibeträge überschritten werden und eine teilweise erhebliche Erbschaftsteuer zu zahlen wäre. Durch das Supervermächtnis können vor allem die Erbschaftsteuerfreibeträge optimal ausgenutzt und die Steuerprogression abgemildert werden.[158]

5. Insolvenzfestigkeit

Ein weiterer Vorteil ist die Insolvenzfestigkeit. Befindet sich ein potentieller Vermächtnisnehmer in einem Insolvenzverfahren, ergibt sich aus der Rechtsnatur

---

157 *Beckervordersandfort / Bock* ZErb 2020, 81, 83.
158 Vgl. 1.Teil Abschnitt C.

des Damnationslegats, dass der Erbfall zu keinem unmittelbaren Vermögenserwerb beim Bedachten führt. Der Vermögenserwerb erfolgt erst mit der
Annahme des Vermächtnisses. Der, sich in der Wohlverhaltensphase befind-
liche, Bedachte ist damit weder mit einer Mitteilungsobliegenheit gemäß § 295
Abs. 1 Nr. 3 InsO noch mit einer Pflicht zur Abführung des hälftigen Erwerbes
gemäß § 295 Abs. 1 Nr. 2 InsO konfrontiert. Der Zeitpunkt der Annahme des
Vermächtnisses steht dem Bedachten höchstpersönlich zu. Zu beachten ist,
dass die Möglichkeit einer Nachtragsverteilung nach § 203 Abs. 1 Nr. 3 InsO
besteht. Dem kann entgegengewirkt werden, indem das Vermächtnis aufschiebend bedingt auf die Aufhebung des Insolvenzverfahrens angeordnet wird,
§ 2177 BGB, verbunden mit einer auflösend bedingten Anordnung des Vermächtnisses für den Fall einer insolvenzrechtlichen Berücksichtigung.[159]

6. *Keine Gefährdung von staatlichen Hilfen*

Durch ein Supervermächtnis kann vermieden werden, dass die Bezüge eines
Abkömmlings von staatlichen Leistungen wie z.B. die Hilfe zum Lebensunter-
halt, Arbeitslosengeld II oder BAföG eingestellt werden.[160]

II. Nachteile und Risiken

Das Supervermächtnis birgt auch einige Nachteile. Die Rechtsnatur des Vermächtnisses als schuldrechtlicher Anspruch und die damit einhergehende
lediglich abgeleitete Rechtsstellung vom Erblasser beinhaltet Risiken.

a) Zivilrechtliche Grenzen

aa) Schwächere Rechtsnatur

Grundsätzlich besteht das Problem, dass das Vermächtnis als Verfügung von
Todes wegen, durch welche der Erblasser dem Bedachten einen Anspruch auf
eine Leistung gegen den beschwerten Erben oder Vermächtnisnehmer zuwendet – im Gegensatz zu einer Erbenstellung – nach Eintritt des Erbfalls zunächst
noch erfüllt bzw. geltend gemacht werden muss. Das Vermächtnis begründet
keine unmittelbare Rechtsnachfolge; mit Anfall des Vermächtnisses geht dieses
nicht in das Vermögen des Vermächtnisnehmers über, sondern wirkt lediglich
schuldrechtlich. Der Vermächtnisanspruch unterliegt der Regelverjährung.

---

159   *Bredemeyer* ZErb 2017, 343, 343.
160   Enzensberger / *Maar* § 3 Rn. 23.

Die Anordnung einer Testamentsvollstreckung kann hier ein Sicherungsmittel darstellen. Dieser trägt die Fürsorge für eine sachgemäße Nachlassabwicklung.

bb) Späte Fälligkeit und Vorversterben

Insbesondere eine Gestaltung mit einem späteren Fälligkeitszeitpunkt oder einem späteren Anfall eines Vermächtnisses birgt das Risiko in sich, dass eine Bedingung nicht eintritt und so der Bedachte die Zuwendung nicht erhält. Beim Vorversterben des Vermächtnisnehmers vor Bedingungseintritt entfällt das Vermächtnis (§ 2074 BGB), sodass hierfür im Testament eine entsprechende Regelung empfehlenswert wäre.

Die Überschreitung der 30-jährigen Frist bei aufschiebend bedingten oder befristeten Vermächtnissen (§ 2162 BGB) führt gleichermaßen zur Unwirksamkeit.

Ferner besteht die Gefahr, dass der Bestimmungsberechtigte selbst verstirbt oder geschäftsunfähig wird und so sein Bestimmungsrecht nicht oder nicht mehr selbst ausüben kann. Eine vorsorgliche Regelung ist hier angezeigt.

cc) Kostentragungslast/Vermächtnislast

Ebenfalls kann sich eine nicht geregelte Kostentragungslast zum Streitpotenzial zwischen Beschwertem und Vermächtnisnehmer entwickeln. Im Zweifel hat diese der Beschwerte zu tragen.[161]

Hinsichtlich einzelner Vermächtnisauskehrungen kann es ebenfalls problematisch sein, zu wessen Lasten diese gehen. Hierin ist ein erhebliches Streitpotenzial zu sehen. Grundsätzlich gilt, dass die Auskehrung des Vermächtnisses zu Lasten des Nachlasses erfolgt.

Beispielsweise kann bei mehreren Erben unterschiedlicher Stämme mit Vermächtnissen zugunsten der Enkelkinder, diese Frage unterschiedlich zu beurteilen sein.[162] Hat der Erblasser drei Kinder, von welchen ein Abkömmling zwei Kinder und ein Abkömmling ein Kind hat sowie einen kinderlosen Abkömmling, stellt sich die Frage, ob bei einer Vermächtnisverteilung an die Enkelkinder auch der Erbteil des kinderlosen Abkömmlings hierdurch belastet werden soll oder ob nur im Hinblick auf die jeweiligen Stämme.

---

161 *Mayer* ErbR 2011, 322, 324.
162 Insbesondere zeigt sich dieses Regelungsbedürfnis bei dem Formulierungsvorschlag Variante 2, vgl. hierzu 3. Teil A. I. K) cc).

Würde man die zuletzt genannte Alternative unterstellen, dass nur jeweils der Stamm und damit der Erbteil des jeweiligen Abkömmlings belastet werden würde, so wäre der Erbteil des Abkömmlings mit zwei Kindern am geringsten und der Erbanteil des kinderlosen Abkömmlings am größten. Bei Betrachtung der einzelnen Stämme könnte man jedoch von einer gerechten Vermögensverteilung sprechen.

Erhielten jedoch die drei Enkelkinder ihre Vermächtnisse und würden diese zu Lasten des gesamten Nachlasses gehen, erhielte der kinderlose Abkömmling einen geringeren Erbteil, zwar den gleichen wie die anderen Abkömmlinge, aber dieser könnte sich insoweit benachteiligt sehen, da er keine eigenen Abkömmlinge (aus Sicht des Erblassers: Enkelkinder) hat.

Welche Vorgehensweise eine gerechte Vermögensaufteilung darstellt, kann unterschiedlich beurteilt werden. Diese Frage ist mit dem Testierenden zu erörtern, um sodann eine entsprechende Regelung im Testament vorzunehmen.

dd) Risiko dinglicher Arrest

Der schuldrechtliche Vermächtnisanspruch kann durch einen dinglichen Arrest gesichert werden, welcher ein gewichtiges Streitpotenzial und eine Belastung für den Erben darstellen kann. Diesem könnte jedoch damit entgegengewirkt werden, dass eine vollstreckungsbeschränkende Vereinbarung, welche sogar direkte vollstreckungshindernde Wirkung entfaltet, getroffen werden könnte. Ebenfalls besteht die Möglichkeit dem durch ein Vermächtnis Begünstigten in Form eines Untervermächtnisses die Verpflichtung aufzuerlegen, bis zum Tod des Längerlebenden die Vollstreckung zu unterlassen.[163] Abhilfe könnte auch eine Wirksamkeitsbedingung schaffen. Jedoch ist fraglich, ob solche Konstruktionen steuerlich anerkannt werden.[164]

b) Aushöhlung des Nachlasses

Es besteht die latente Gefahr, dass durch Ausübung der Wahlmöglichkeiten des Erben die bestehende Bindungswirkung des gemeinschaftlichen Testaments für den Schlusserbfall unterlaufen werden könnte, indem der Nachlasswert im Schlusserbfall wirtschaftlich entwertet wird.[165] Abhilfe könnte hier eventuell

---

163 *Mayer* ErbR 2011, 322, 334; *Mayer* DStR 2004, 1409, 1413; Kroiß / Ann / Mayer / *Horn / Mayer* § 2151 Rn. 25.
164 *Beckervordersandfort / Bock* ZErb 2020, 81, 84.
165 *Streppel* DNotZ 2021, 259, 262.

der § 2287 BGB (den Vertragserben beeinträchtigende Schenkungen) gegebenenfalls in analoger Anwendung schaffen.[166]

c) Gefahr der Geltendmachung von Pflichtteilen

In Bezug auf die unter b) geschilderte Konstellation besteht zudem die Gefahr, dass durch die Möglichkeit der wirtschaftlichen Aushöhlung der Schlusserbenstellung die Schlusserben zur Geltendmachung ihres Pflichtteils provoziert werden.

Dieses Risiko zeigt sich ebenfalls bei sehr langen Fristen für die Bestimmungen rund um das Vermächtnis. Erscheint es potentiellen Vermächtnisnehmern zu unsicher, ob sie vom Bestimmungsberechtigten als Vermächtnisnehmer benannt werden, was und in welcher Höhe sie ein Vermächtnis erhalten, kann die Gefahr der Geltendmachung eines Pflichtteils verstärken.

d) Steuerrechtliche Grenzen

Soweit keine Wertungen der Legislative unterlaufen werden und die gewählte Gestaltung, gemessen an dem angestrebten Ziel unangemessen, d. h. ungewöhnlich ist, diese der Steuerminderung dienen soll und diese nicht durch wirtschaftliche oder sonst beachtliche außersteuerliche Gründe zu rechtfertigen ist, ist in der Regel davon auszugehen, dass bei Gestaltungen eines Supervermächtnisses kein Gestaltungsmissbrauch i.S.d. § 42 AO vorliegt.

Maßgeblich kommt es auf die Unangemessenheit der Rechtsgestaltung im Zusammenhang mit den erstrebten wirtschaftlichen Vorgängen an. Eine zivilrechtliche Gestaltung ist dann unangemessen, wenn verständige Parteien zur Erreichung des erstrebten wirtschaftlichen Zwecks diese unter den gegebenen Umständen nicht gewählt hätten, insbesondere, wenn die Gestaltung überhaupt keinem wirtschaftlichen Zweck dienlich ist. Ferner bedarf es eines unvorhergesehenen Steuervorteils. Des Weiteren dürfen keine achtenswerten außersteuerlichen Gründe für die gewählte Gestaltung bestimmend gewesen sein.[167]

Der Testierende macht bei der Testamentsgestaltung mit Supervermächtnis lediglich von seiner Testierfreiheit Gebrauch und nutzt hierzu die im BGB bestehenden Gestaltungsinstrumente. Folglich kann diese Gestaltung steuerlich nicht verboten sein.

---

166 *Streppel* DNotZ 2021, 259, 264 f.
167 Lippross / Seibel / *Krömker*, § 42 AO Rn. 3.

Bei jeder Weiterentwicklung und Veränderung der Gesetzeslage sowie der Gestaltung eines Testamentes mit Supervermächtnis, ist die Möglichkeit eines steuerlichen Gestaltungsmissbrauchs zu prüfen und auszuschließen.

e) Fehlende Rechtssicherheit

Trotz Urteilen des OLG Hamm[168] und mittelbar des BGH[169] ist die Rechtssicherheit und das Fundament des Supervermächtnisses nicht hundertprozentig garantiert. Zwar betont der BGH[170] die Bedeutung der Kontinuität der Rechtsprechung für die Rechtssicherheit und würde sich daher wohl kaum ohne weiteres von seiner Formulierung distanzieren wollen, welche zwar wenig ausführlich am Ende der Begründung des Urteils zu finden ist, aber Eingang in einen Leitsatz gefunden hat, jedoch keine gesicherte ständige Rechtsprechung und höchstrichterliche Bestätigung des Supervermächtnisses in Gänze darstellt. Leitsatz: „2. Soll der übergangene Sohn der Ehegatten eine Abfindung erhalten, deren Höhe der Überlebende bestimmen soll, dann kann es sich um ein Zweckvermächtnis i. S. v. § 2156 BGB handeln."[171]

f) Wirtschaftliche Aspekte

Die Belastung durch ein Vermächtnis und dessen Erfüllung kann zu Liquiditätsproblemen führen und dadurch auch die Altersversorgung des Längerlebenden gefährden, insbesondere bei kurzer Frist der Fälligkeit des Vermächtnisses. Ebenfalls können Insolvenz und Inflation zur Nichterfüllung des Vermächtnisses führen[172].

g) Soziologische Aspekte

Die Betrachtung der Auswirkungen des Supervermächtnisses auch auf sozialer Ebene soll nicht außer Acht gelassen werden.

---

168 OLG Hamm Beschl. v. 16.09.2018 – 15 W 256/18, ErbR 2019 Supervermächtnis.
169 BGH Urt. v. 22.09.1982 – IV a ZR 26/81, NJW 1983, 277 f. Zweckvermächtnis.
170 BGH Beschl. v. 04.10.1982 – GSZ 1/8, NJW 1983, 228 f.
171 BGH Urt. v. 22.09.1982 – IV a ZR 26/81, NJW 1983, 277, 277; *Kanzleiter* in FS Brambring, 225, 230; OLG Hamm Beschl. v. 16.09.2018 – 15 W 256/18, ErbR 2019: „Das sogenannte Supervermächtnis ist grundsätzlich zulässig."
172 *Mayer* DStR 2004, 1371, 1376.

Die Fragen nach der rechtlichen Wirksamkeit und den Möglichkeiten von Gestaltungen letztwilliger Verfügungen stehen meist in unmittelbarem Konnex zu wirtschaftlichen Aspekten. Die sozialen Faktoren haben jedoch beim Ableben eines Menschen sowie der Gestaltung des letzten Willens einen hohen Stellenwert. Insbesondere kann der Verlust des Partners oder eines Familienangehörigen eine starke emotionale Ausnahmesituation darstellen. Dies kann dazu führen, dass sich der Erbe nicht in der Lage sieht, Entscheidungen zu treffen. Viele Betroffene schildern ein Gefühl der Lähmung. Wie in den vorherigen Abschnitten gesehen, zielt das Supervermächtnis jedoch genau auf das hohe Maß an Flexibilität und die vielen Gestaltungsfreiräume ab. Jedoch kann gerade dies für den Längerlebenden als Bürde empfunden werden und emotional zu einer Überforderung führen. Ferner ist nicht prognostizierbar, wann der Todeszeitpunkt des Erstversterbenden sein wird und in welchem Alter sich der Längerlebende dann befindet. Nicht selten ist der Längerlebende in einem hohen Alter und selbst gar nicht mehr in der Lage, entsprechende Entscheidungen zu treffen.

Die sozialen Gesichtspunkte sind bei der Testamentsgestaltung zu berücksichtigen. So vermag es manchen Ehepaaren Sicherheit geben, zu wissen, dass sie gemeinsam alle Entscheidungen in ihrem gemeinschaftlichen Testament getroffen haben und gerade der – durch das Supervermächtnis generierte – höhere Gestaltungsspielraum nicht gegeben ist, sodass auch wirtschaftliche Vorteile dieser Konstellation in den Hintergrund treten.

Ferner können Abkömmlinge der Eheleute oder des einen Ehepartners durch die Enterbung im ersten Erbfall und Verweis auf die Chance auf ein Vermächtnis, dessen Erfüllung in der ungewissen Zukunft liegt, enttäuscht und wenig verständnisvoll sein. Insbesondere, wenn das Bestimmungsrecht auch die Auswahl der Begünstigten beinhaltet und die Höhe der Vermächtnisse unter den Abkömmlingen variieren, besteht hierin ein erhebliches Konfliktpotential. Es gilt, dieses im Vorwege zu berücksichtigen und abzumildern.

III. Rechtsfolgen der Unwirksamkeit

Die Unwirksamkeit eines Supervermächtnisses hat überschaubare zivil-rechtliche Folgen.

Im Erbrecht (§ 2085 BGB) führt die Nichtigkeit einer einzelnen Verfügung grundsätzlich nicht zur Unwirksamkeit aller weiteren in einem Testament enthaltenen Verfügungen, im Gegensatz zum Allgemeinen Teil des BGB.

Der überlebende Ehegatte könnte frei über die Zuwendung an die Abkömmlinge aus seinem eigenen und dem ererbten Vermögen entscheiden,

welches im Grunde dem Willen der Ehegatten bei Errichtung eines gemeinschaftlichen Testaments entspricht.[173]

Zu beachten ist jedoch, dass die Unwirksamkeit eines Supervermächtnisses
erhebliche Steuernachteile nach sich ziehen könnte.

---

173 *Kanzleiter* in FS Brambring, 225, 230.

3. Teil Gestaltungsmöglichkeiten

A. Praktische Anwendungsfälle

I. Gemeinschaftliche Testamente

1. Gestaltungstypen

Beim gemeinschaftlichen Testament kann nach zwei Arten differenziert werden.

Zum einen tritt das gemeinschaftliche Testament in Gestalt der Einheitslösung auf, welche in § 2269 BGB ihre gesetzliche Grundlage findet. § 2269 Abs. 1 BGB lautet wie folgt:

> *„Haben die Ehegatten in einem gemeinschaftlichen Testament, durch das sie sich gegenseitig als Erben einsetzen, bestimmt, dass nach dem Tode des Überlebenden der beiderseitige Nachlass an einen Dritten fallen soll, so ist im Zweifel anzunehmen, dass der Dritte für den gesamten Nachlass als Erbe des zuletzt versterbenden Ehegatten eingesetzt ist.“*

Diese Gestaltungsform des Ehegattentestaments mit gegenseitiger Einsetzung unter Zugrundelegung der Einheitslösung wird im überwiegend praktizierten juristischen Sprachgebrauch als „Berliner Testament" bezeichnet.[174]
Darüber hinaus kann das Ehegattentestament in Gestalt der Trennungslösung in Form eines Vor- und Nacherbentestamentes gemäß §§ 2100 ff. BGB auftreten; dabei werden nach dem Tod des Erstversterbenen der Längerlebende Vorerbe und die Abkömmlinge Nacherben.[175]

2. Berliner Testament

Bei der Einheitslösung vereinigt sich beim Ableben des erstversterbenden Ehegatten dessen Nachlass mit dem Eigenvermögen des überlebenden Teils. Der überlebende Ehegatte wird voller Eigentümer des Nachlasses mit unbeschränkter Verfügungsbefugnis unter Lebenden. In der Folge vererbt er dasjenige, was von seinem Vermögen in diesem Sinne übrig bleibt, und zwar als sein eigenes Vermögen.[176]

---

174 MüKoBGB / *Musielak*, § 2269 Rn. 11.
175 Firsching / Graf / Krätzschel, § 11 Rn. 40.
176 *Langefeld* JuS 2002, 351, 351 f.

In der Praxis zeigt sich, dass sich das Berliner Testament ungebrochener Beliebtheit rühmen kann. Primärziel der Eheleute ist meist die Versorgung des überlebenden Ehegatten, hingegen ist die Erhaltung des Vermögens für die Abkömmlinge lediglich zweitrangiges Ziel. Aufgrund vieler Unsicherheitsfaktoren der Außenwelt besteht der Wunsch, dass dem überlebenden Ehegatten das Vermögen auch des Erstverstorbenen zu seiner Versorgung zur Verfügung stehen soll. Die Abkömmlinge sollen später dann das erhalten was noch übrig bleibt. Dem stehen jedoch steuerliche Nachteile entgegen. Infolge der Einheitslösung beim Berliner Testament ergibt sich die steuerliche Konsequenz, dass beim Überschreiten der Erbschaftsteuerfreibeträge gem. §§ 15, 16 ErbStG das Vermögen des zuerst Versterbenden zweimal besteuert werden kann. Zum einen beim Erwerb des überlebenden Ehegatten und zum anderen beim Erwerb durch die Abkömmlinge des Schlusserben. Bei dieser Konstellation bleiben die Erbschaftsteuerfreibeträge der Abkömmlinge nach dem Erstversterbenden ungenutzt. Das Vermögen beim Letztversterbenden ist entsprechend erhöht, welches die Konsequenz hat, dass beim Versterben des zweiten Ehepartners gegebenenfalls die Freibeträge überschritten werden.

Festzuhalten ist, dass beim klassischen Berliner Testament Progressionsnachteile entstehen können, weil der Nachlass des Längerlebenden und folglich der steuerliche Erwerb der Schlusserben im Sinne des §§ 10, 9 ErbStG größer ist und folglich im besonderen Maße bei größerem Vermögen einem höheren Steuersatz unterliegen kann.[177]

3. Optimierung durch Vermächtnisanordnungen

Es gibt differente Möglichkeiten, das Berliner Testament durch Vermächtnisse zu optimieren. Zu nennen sind das auflagenfrei sofort zu erfüllende Geldvermächtnis, das Geldvermächtnis, bei dem der vermachte Geldbetrag den überlebenden Ehegatten lebenslang zur Nutzung verbleibt, das Geldvermächtnis, das erst beim Tod des längstlebenden Ehegatten zu erfüllen ist, und letztlich das Zweckvermächtnis.

Das auflagenfreie Geldvermächtnis, welches sofort zu erfüllen ist, ist zivilrechtlich und steuerlich zwar unbedenklich, birgt jedoch das Risiko, dass das Vermächtnis den überlebenden Ehegatten finanziell benachteiligt und damit seine Versorgung geschmälert wird und es ihn in wirtschaftliche Schwierigkeiten bringen kann.[178]

---

177 *Oerten / Lindermann* ZEV 2020, 144, 145.
178 *Langefeld* JuS 2002, 351, 352 f.

Die Gestaltung eines Geldvermächtnisses dahingehend, dass dem überlebenden Ehegatten die Nutzung verbleibt, führt zu der Problematik, dass das Finanzamt und die Finanzgerichte im Zweifel hier eine Umgehung im Sinne des § 42 AO annehmen könnten. Insbesondere bei dieser Gestaltung verbleibt das Geld bei dem überlebenden Ehegatten.[179]

Wenig hilfreich ist ebenfalls das Geldvermächtnis mit hinausgeschobenem Erfüllungszeitpunkt. Sowohl bei der Variante, bei der der Fälligkeitszeitpunkt auf den Tod des letztversterbenden Ehegatten festgelegt wird, als auch bei der Variante, bei der das Vermächtnis erst mit dem Tod des Letztversterbenden anfällt, wird jeweils der Grundsatz der Maßgeblichkeit des Zivilrechts durchbrochen und steuerlich jeweils ein Erwerb des vom Vermächtnis Beschwerten angenommen (§ 6 ErbStG). Die Möglichkeit einer Gestaltung mittels einer Auflage gemäß § 1940 BGB löst die Problematik in dieser Konstellation ebenfalls nicht auf, da gemäß § 6 Abs. 4 ErbStG das beim Tod des Beschwerten fällige Vermächtnis der Auflage gleichgestellt wird[180].

Zudem beschränkt sich jede der drei Varianten auf ein **Geld**vermächtnis, sodass für den Bestimmungsberechtigten nicht die Möglichkeit (wie bei einem Zweckvermächtnis) besteht, einen anderen Vermächtnisgegenstand auszuwählen.

4. Modifizierung durch das Supervermächtnis

Die steuerlichen Nachteile des Standardtypus des Berliner Testaments lassen sich durch Kombination von Vermächtnissen abmildern. Der überlebende Ehegatte wird mit einem Vermächtnis zugunsten der Abkömmlinge belastet, welches den Zweck verfolgt, diese abzufinden und nach Möglichkeit die steuerlichen Freibeträge auszunutzen. Hierbei bestehen Ermächtigungen des überlebenden Ehegatten in der Vermächtnisregelung dahingehend, dass dieser Bestimmungen zu Gegenstand, Bedingungen, Zeitpunkt der Erfüllung, Auswahl der Vermächtnisnehmer aus dem Kreis der Abkömmlinge sowie dem Anteil am Gesamtvermächtnis treffen darf. Durch die Gestaltung des Supervermächtnisses kann bei dem Ehegattentestament dem Versorgungsziel der Eheleute entsprochen werden und gleichermaßen dem überlebenden Ehegatten ein hohes Maß an Flexibilität und Anpassungsmöglichkeiten an veränderte Umstände ermöglicht werden und dies bei gleichzeitiger Steueroptimierung.

---

179 *Langefeld* JuS 2002, 351, 352 f.
180 *Brüggemann* ErbBstg 2020, 228, 230.

Etwaigen Herausforderungen wie der Möglichkeit eines Antrages auf Fristsetzung durch das Nachlassgericht[181] sowie die Sicherung des Vermächtnisanspruchs durch dinglichen Arrest[182] könnte durch eine entsprechende testamentarische Regelung begegnet werden. So kann der Erblasser selbst eine Frist zur Bestimmung des Bedachten in seinem Testament regeln oder die Beteiligten könnten durch eine entsprechende Verwirkungsklausel von einem solchen Antrag auf Fristsetzung abgehalten werden. Eine eventuelle Gefahr eines dinglichen Arrestes könnte dadurch verringert werden, dass dem überlebenden Ehegatten als Untervermächtnis ein Anspruch auf Abschluss einer vollstreckungsbeschränkenden Vereinbarung verschafft wird. Unabhängig von dieser Möglichkeit ist die Gefahr eines dinglichen Arrestes zu Lebzeiten des überlebenden Ehegatten eher gering, da gemäß § 917 Abs. 1 ZPO Voraussetzung ist, dass ohne die Verhängung des Arrestes die Vollstreckung eines Urteils vereitelt oder wesentlich erschwert werden müsste.[183]

5. Muster/Formulierungsvorschläge

Im nächsten Abschnitt werden Formulierungsvorschläge des Supervermächtnisses präsentiert. Diese werden in chronologischer Reihenfolge ihrer Veröffentlichung dargestellt, um das Augenmerk auch auf die historische Weiterentwicklung von 1998 bis heute zu richten. Die jeweiligen Weiterentwicklungen der einzelnen Formulierungsvorschläge wurden jeweils optisch hervorgehoben, um dem Leser einen leichteren und schnelleren Überblick über die Veränderung zu ermöglichen.

a) Formulierungsvorschlag Schmidt
aa) Muster

„Der Zuerststerbende wendet den auf seinen Tod von der Erbfolge ausgeschlossenen Kindern, A, B, C, D ein Vermächtnis zu, dessen Zweck es ist, ihnen als Ersatz eine Abfindung einzuräumen und ihre Erbschaftsteuerfreibeträge auf den Tod des Zuerststerbenden ganz oder teilweise auszuschöpfen zu ermöglichen. Der überlebende Ehegatte als Beschwerter hat die Befugnis unter den Benannten den bzw. die Bedachten gem. § 2151 BGB und unter den Ausgewählten zu bestimmen, was jeder hieran gem. § 2153 BGB erhält. Er kann gem. § 2156 BGB die Leistung nach billigem Ermessen bestimmen und die Zeit der Erfüllung nach freiem Belieben gem. § 2181

---

181   Vgl. 2. Teil A. I. 2.
182   Vgl. 1. Teil A. II. 2.
183   *Keim* ZEV 2016, 6, 10 f.

BGB festlegen. Er kann nach billigem Ermessen den Bedachten einzelne Gegenstände zuweisen, diese bewerten und Ausgleichs- bzw. Gleichstellungszahlungen festlegen."[184]

bb) Bewertung

Die von *Schmidt* bereits 1998 entwickelte testamentarische Regelung enthält die wesentlichen Punkte des Supervermächtnisses und ist als Grundlage für weitere Gestaltungen anzusehen.

Die Leistungsbestimmung nach billigem Ermessen wird allgemein gehalten und nicht weiter ausgestaltet.

Die Vorgabe, dass der überlebende Ehegatte die Zeit der Erfüllung des Vermächtnisses nach freiem Belieben festlegen kann, führt dazu, dass die gewünschte steuerliche Entlastung nicht eintritt, wenn das Vermächtnis erst beim Ableben des Längerlebenden fällig werden sollte. Gemäß § 6 Abs. 4 ErbStG wird das Nachvermächtnis und das beim Tod des Beschwerten fällige Vermächtnis den Nacherbschaften in Hinblick auf die Besteuerung gleichgestellt. Der Vorerbe wird als Vollerbe behandelt, obwohl die Kapitalisierung des Nutzungsrechts des Vorerben als erbschaftsteuerlicher Wert seiner Zivilrechtsstellung entsprechen würde. Beim Eintritt der Nacherbfolge haben diejenigen, auf die das Vermögen übergeht, den Erwerb als vom Vorerben stammend zu versteuern. Demzufolge würden die Freibeträge nicht optimal ausgenutzt werden.

b) Formulierungsvorschlag Langenfeld
aa) Muster

„Gemeinschaftliches Testament

    I. Wir setzen uns gegenseitig, also der Erstversterbende den Überlebenden, zu alleinigen und unbeschränkten Erben ein.

    II. Schlusserben beim Tod des Überlebenden von uns und Erben von uns beiden im Falle unseres gleichzeitigen Versterbens sind unsere gemeinschaftlichen Abkömmlinge, und zwar **einschließlich adoptierter und nichtehelicher Abkömmlinge**, unter sich nach den Regeln der gesetzlichen Erbfolge erster Ordnung zum Zeitpunkt des zweiten Erbfalls.

    III. Derjenige unserer Abkömmlinge, der beim Tod des Erstversterbenden seinen Pflichtteil durchsetzt, wird samt seinen Abkömmlingen vom Überlebenden einseitig testamentarisch auf den Pflichtteil gesetzt.[185]

---

184   *Schmidt* BWNotZ 1998, 101.

185   In **Fett** abgebildet sind jeweils die Neuerungen in den einzelnen Mustern.

IV. Nimmt der überlebende Ehegatte die Erbschaft an und wird so Alleinerbe, so erhalten die **gemeinsamen Kinder, ersatzweise deren Abkömmlinge einschließlich adoptierter und nichtehelicher Abkömmlinge** vom erstversterbenden Ehegatten ein Vermächtnis i.S. von § 2156 BGB zum Zweck der ganzen oder teilweisen Ausnutzung ihrer Freibeträge bei der Erbschaftsteuer. Der überlebende Ehegatte kann bestimmen

- **den Gegenstand, die Bedingungen und den Zeitpunkt der Leistungen, § 2156 BGB, dies im Rahmen von §§ 2156 S. 2, 315 BGB insbesondere auch unter Berücksichtigung seines eigenen Versorgungsinteresses,**
- die Zeit der Erfüllung; § 2181 BGB,
- diejenigen, die aus dem Kreis der oben Benannten das Vermächtnis erhalten sollen, § 2151 BGB,
- sowie deren Anteile an dem Vermächtnis, § 2153 BGB."[186]

bb) Bewertung

Vier Jahre später, im Jahr 2002, hat *Langenfeld* das Supervermächtnis im Gewand eines Musters für ein gemeinschaftliches Testament abgebildet und insbesondere in Weiterentwicklung des vorherigen Formulierungsvorschlages die Leistungsbestimmung nach billigem Ermessen gemäß § 2156 BGB näher ausgeführt, und zwar „Gegenstand", „Bedingung" und „Zeitpunkt" der Leistung sowie die Berücksichtigung des Versorgungsinteresses genannt. Positiv zu bewerten ist die Ergänzung von Ersatzvermächtnisnehmern, und zwar Abkömmlinge einschließlich adoptierter und nichtehelicher Abkömmlinge vom erstversterbenden Ehegatten. Allerdings sind nur „gemeinsame" Abkömmlinge erfasst, welches z.B. für Patchwork Familien anders zu gestalten wäre. Jedoch ist als Zweck des Vermächtnisses in diesem Vorschlag nur die Ausnutzung der Erbschaftsteuerfreibeträge genannt, hingegen nicht die Abfindung der Abkömmlinge. Die Problematik des § 6 Abs. 4 ErbStG ist gegeben, sodass eine Ausnutzung der Erbschaftsteuerfreibeträge ggf. nicht durchgreifen kann. Das Vermächtnis müsste bereits mit dem Tod des Erstversterbenden anfallen und für die Fälligkeit ein Zeitpunkt bestimmt werden, welcher nicht mit dem Tod des überlebenden Ehegatten verknüpft ist.

---

186 *Langenfeld* JuS 2002, 351, 353; ebenfalls vorgeschlagen von Scherer / *Schlitt*, Erbrecht, § 13 Rn. 206.

c) *Formulierungsvorschlag Keim/Wälzholz*

aa) *Muster*

„Zweckvermächtnis

Nimmt der überlebende Ehegatte die Erbschaft an und wird so Alleinerbe, so erhalten die gemeinsamen Kinder, ersatzweise deren Abkömmlinge einschließlich adoptierter und nichtehelicher Abkömmlinge, vom erstversterbenden Ehegatten ein Zweckvermächtnis gem. §§ 2151 ff., 2156 BGB.

Zweck des Vermächtnisses iSv § 2156 BGB ist es einmal, allen oder einzelnen Abkömmlingen eine Abfindung dafür zu gewähren, dass sie beim ersten Erbfall durch die Einsetzung des überlebenden Elternteils enterbt sind, sowie zum Zweiten, ein Ausnutzen der erbschaftsteuerlichen Freibeträge zu ermöglichen.

Dem überlebenden Ehegatten steht zur Vereinbarung dieser **Zwecke mit einer ausgewogenen familiären Vermögensverteilung sowie mit dem eigenen Interesse auf Sicherung seiner Altersversorgung** ein umfassendes Bestimmungsrecht zu. Er kann bestimmen den Gegenstand, die Bedingungen und den Zeitpunkt der Leistungen, § 2156 BGB, dies im Rahmen von §§ 2156 S. 2, 315 BGB insbesondere auch unter Berücksichtigung seines eigenen Versorgungsinteresses,

- die Zeit der Erfüllung, § 2181 BGB,
- diejenigen, die aus dem Kreis der oben Genannten das Vermächtnis erhalten sollen, § 2151 BGB,

sowie deren Anteile an dem Vermächtnis, § 2153 BGB.

- **Der überlebende Ehegatte hat die Zeit der Erfüllung des Vermächtnisses so zu bestimmen, dass die Erfüllung innerhalb von fünf Jahren nach dem Tod des erstversterbenden Ehegatten erfolgt.**

Weiterhin kann der überlebende Ehegatte dann, wenn er Grundstücke zum Gegenstand des Vermächtnisses macht,

Ausgleichszahlungen anordnen,

- sich an den Grundstücken den Nießbrauch mit einem von ihm zu bestimmenden Inhalt vorbehalten,

sich hinsichtlich der Grundstücke Rückforderungsrechte für die Fälle der Veräußerung oder Belastung durch den Vermächtnisnehmer, des Vorversterbens des Vermächtnisnehmers und des Vermögensverfalls des Vermächtnisnehmers vorbehalten,

- **sowie die grundbuchmäßigen Sicherheiten hierfür bestellen,**

Derjenige meiner Abkömmlinge, der beim Nachlassgericht einen Antrag stellt, dem Bestimmungsberechtigten eine Frist zur Bestimmung des Begünstigten oder der Anteile der Begünstigten zu setzen, wird als Vermächtnisnehmer ausgeschlossen."[187]

bb) Bewertung

In diesem Muster aus dem Jahr 2016 wird wieder eine Kombination des Zwecks aus Abfindung und Ausnutzung der Erbschaftsteuerfreibeträge verwandt. Besonders hervorzuheben ist, dass nunmehr eine Formulierung aufgenommen wurde, welche dem überlebenden Ehegatten für die Bestimmung der Zeit der Erfüllung des Vermächtnisses einen Zeitraum von fünf Jahren nach dem Tod des erstversterbenden Ehegatten vorgibt. Diese Ergänzung führt zur Absicherung der steuerlichen Vorteile durch das Supervermächtnis. Denn es würde keine steuerliche Entlastung eintreten, wenn das Vermächtnis erst beim Ableben des Längerlebenden anfallen oder fällig werden würde. In § 6 Abs. 4 ErbStG wird das Nachvermächtnis und das beim Tod des Beschwerten fällige Vermächtnis den Nacherbschaften im Hinblick auf die Besteuerung gleichgestellt. Durch die vorliegend gewählte Formulierung wird die Anwendbarkeit des § 6 Abs. 4 ErbStG ausgeschlossen.

Ferner wird der Aspekt, ein Grundstück zum Gegenstand eines Vermächtnisses auszuwählen, aufgeführt. Die Bestimmung hat deklaratorischen Charakter, führt aber zu mehr Klarheit für die Beteiligten einer späteren Erbauseinandersetzung. Jedoch besteht grundsätzlich für den Fall, dass ein umfassendes Bestimmungsrecht übertragen wird, die Möglichkeit, ein Grundstück zum Gegenstand eines Vermächtnisses zu machen; auch ohne explizite Benennung. Die Einräumung weiterer Gestaltungsmöglichkeiten, wie die Möglichkeit, Ausgleichszahlungen anzuordnen und sich Nießbrauch- und Rückforderungsrechte vorzubehalten, führt beim Längerlebenden zu einer höheren Flexibilität und ermöglicht diesem eine möglichst bedürfnisgerechte Verteilung.

Die Aufnahme einer Ausschlussklausel eines jeden Vermächtnisnehmers, welcher beim Nachlassgericht einen Antrag stellt, dem Bestimmungsberechtigten eine Frist zur Bestimmung des Begünstigten oder der Anteile der Begünstigten zu setzen, ist eine wirksame und elegante Lösung zur Vermeidung des Problems, dass durch entsprechende Anträge beim Nachlassgericht, der

---

187 *Keim* ZEV 2016, 6, 13 f. unter Bezugnahme auf den Formulierungsvorschlag von *Wälzholz* in Skript 3. Jahresarbeitstagung des Notariats 2005, 390 f.

Längerlebende in seinem freien Entscheidungsspielraum gehindert und zeitlich unter Druck gesetzt wird.

d) Formulierungsvorschlag Bredemeyer

aa) Muster

„Der Erstversterbende beschwert seinen Erben mit folgendem Bestimmungs- und Zweckvermächtnis gemäß den §§ 2156, 2153, 2151 BGB zugunsten der oben bezeichneten gemeinsamen Kinder. Zweck des Vermächtnisses ist es, allen oder einzelnen Vermächtnisnehmern eine Abfindung dafür zu gewähren, dass sie beim ersten Erbfall lediglich Ersatzerben sind, eine **möglichst optimale, streitvermeidende Vermögensverteilung** zu erreichen und dem Längerlebenden das Ausnutzen der erbschaftsteuerlichen Freibeträge des Vorverstorbenen zu ermöglichen. Dem Beschwerten steht das Bestimmungsrecht zu. Er ist berechtigt, die von ihm geschuldete Leistung nach billigem Ermessen zu bestimmen sowie festzulegen, wer aus dem Kreis der Vermächtnisnehmer etwas erhält, ob er etwas erhält, was und wann der jeweils Bedachte etwas bekommt. **Der Beschwerte kann bei der Übertragung von Gegenständen auch Ausgleichszahlungen zugunsten der oben bezeichneten Kinder und deren Abkömmlingen festlegen. Insoweit wird der jeweilige Empfänger mit einem bedingten Untervermächtnis zugunsten des durch die Ausgleichszahlung Begünstigten beschwert. Auch diesbezüglich steht dem Längerlebenden ein Bestimmungsrecht zu.** Begünstigter kann nur der Längerlebende von uns oder ein gemeinsames Kind oder ein Abkömmling unserer gemeinschaftlichen Kinder sein. Das Vermächtnis fällt mit dem Tod des Erstversterbenden an.

Die Erfüllung hat spätestens mit der Vollendung des 75. Lebensjahres des Längerlebenden von uns zu erfolgen. Er kann das Vermächtnis auch durch mehrere zeitlich auseinanderfallende Einzelleistungen erfüllen.

Der Längerlebende ist befugt, sich einen Nießbrauch an den Vermächtnisgegenständen vorzubehalten, bei dem er alle Kosten zu tragen hat. Er kann den Nießbrauch auf eigene Kosten an nächstoffener Rangstelle (maßgeblicher Zeitpunkt: Tod des ersten von uns) im Grundbuch zur Eintragung bringen."[188]

bb) Bewertung

2017 entwirft *Bredemeyer* ebenfalls einen Vorschlag zur Gestaltung eines Supervermächtnisses. Als Zweck werden hier drei Punkte kombiniert: die

---

188 *Bredemeyer* ZErb 2017, 343, 348.

Abfindung, eine optimale streitvermeidende Vermögensverteilung sowie die Ausnutzung der erbschaftsteuerlichen Freibeträge. Hervorzuheben ist, dass dem Längerlebenden ebenfalls die Möglichkeit eingeräumt wird, dem jeweiligen Vermächtnisnehmer bei Übertragung von Gegenständen Untervermächtnisse aufzuerlegen, um entsprechende Ausgleichszahlungen an weitere Abkömmlinge festzulegen.

Interessant in diesem Muster ist insbesondere, dass zum einen der Anfall des Vermächtnisses mit dem Tod des Erstversterbenden und zum anderen die späteste Erfüllung mit dem Erreichen des Alters von 75 Jahren des Längerlebenden bestimmt wurde. Als kritisch ist vorliegend die Festlegung auf das konkrete Alter von 75 Jahren zu würdigen. Grundsätzlich tritt keine steuerliche Entlastung ein, wenn Vermächtnisse erst beim Ableben des Beschwerten des Längerlebenden fällig werden. Wenn also der Längerlebende im Alter von 70 Jahren plötzlich verstirbt und zuvor kein Vermächtnis erfüllt hat, wäre dieses im Zweifel mit dem Tode des Beschwerten fällig (§ 2181 BGB). Die gewünschte steuerliche Entlastung wäre hinfällig.

Weiter ist zu beachten, dass je näher der Fälligkeitszeitpunkt eines Vermächtnisses dem Todeszeitpunkt des Längerlebenden kommt, desto höher die Gefahr einer Umgehung gemäß § 6 Abs. 4 ErbStG ist.

Letztlich könnte der erste Erbfall auch erst eintreten, wenn der Längerlebende bereits über 75 Jahre alt ist und die Regelung könnte damit keine Wirkung mehr entfalten und es würde die Zweifelsregelung gemäß § 2181 BGB gelten.

e) Formulierungsvorschlag Gockel

aa) Muster

„1. Nach dem Tod des Erstversterbenden von uns **erhalten unsere Kinder,** ersatzweise deren Abkömmlinge, einen **baren Geldbetrag in Höhe des im Zeitpunkt des Erbfalls für Abkömmlinge geltenden erbschaftsteuerlichen Freibetrages.**

2. Zweck des Vermächtnisses ist es, unseren Kindern für den ersten Erbfall Zuwendungen als Ersatz dafür zukommen zu lassen, dass sie lediglich Ersatzerben sind sowie ferner die Ausnutzung der jeweiligen erbschaftsteuerlichen Freibeträge nach dem erstversterbenden Elternteil. **Der Beschwerte ist berechtigt, statt des Geldbetrages ersatzweise das Vermächtnis durch Sachzuwendungen zu erfüllen.**

3. Das Vermächtnis fällt mit dem Tode des Erstversterbenden von uns an. Der Zeitpunkt der Erfüllung des jeweiligen Vermächtnisses ist jedoch in das freie Belieben des Beschwerten gestellt (§ 2181 BGB). Der Beschwerte kann die jeweiligen

Vermächtnisse auch durch mehrere zeitlich gestaffelte und auseinanderfallende Einzelleistungen erfüllen.

4. Der Beschwerte ist berechtigt, die Bedingung der Vermächtniserfüllung zu bestimmen. Er kann den Wert der von ihm geschuldeten Leistung nach billigem Ermessen bestimmen und auch festlegen, wer aus dem Kreise der Vermächtnisnehmer überhaupt etwas erhält und was der jeweils Bedachte bekommt.

5. Werden Gegenstände übertragen, kann er Ausgleichszahlungen festlegen. Der jeweilige Empfänger der Vermächtnisse wird daher mit einem bedingten Untervermächtnis zugunsten des durch die Ausgleichszahlung Begünstigten beschwert. Auch diesbezüglich hat der Beschwerte ein Bestimmungsrecht. **Die Bestimmungsrechte können auch durch einen gesetzlichen Vertreter oder mit Vorsorgevollmacht ausgestatteten gewillkürten Vertreter des Beschwerten ausgeübt werden.**

6. **Im Wege des weiteren Untervermächtnisses wird jeder Vermächtnisnehmer verpflichtet, bis zur Fälligkeit seines Anspruchs weder eine Sicherung zu verlangen noch selbst durchzusetzen. Beim Tode des Beschwerten etwa nach bestehenden Verpflichtungen aus diesem Vermächtnis sind dessen Erben grundsätzlich zu erlassen. Das gilt nur dann nicht, wenn der Beschwerte zu seinen Lebzeiten bereits Leistungspflichten festgelegt, aber noch nicht erfüllt hat."**[189]

bb) *Bewertung*

Gockel hat im Jahr 2018 in seinem Muster festgelegt, dass das Vermächtnis grundsätzlich in Form eines baren Geldbetrages zu erfüllen ist. Dem Beschwerten steht jedoch eine Ersetzungsbefugnis zu, das Vermächtnis durch Sachzuwendungen zu erfüllen. Hierdurch besteht die Gefahr einer Abzinsung des Geldanspruchs gemäß § 12 Abs. 3 BewG sowie etwaiger einkommensteuerlicher Konsequenzen.[190]

In diesem Muster ist keine Formulierung aufgenommen worden, welche dem überlebenden Ehegatten für die Bestimmung der Zeit der Erfüllung des Vermächtnisses einen Zeitraum oder Zeitpunkt vorgibt, sondern es stellt die Erfüllung des jeweiligen Vermächtnisses in das freie Belieben des Beschwerten. Dies kann – wie erwähnt – zu steuerlichen Nachteilen führen.

Hingegen ist positiv herauszustellen, dass durch die Gestaltung von Untervermächtnissen ein Sicherungsmittel gegen Arrestverfügung gegenüber dem Längerlebenden geschaffen wird. Vermächtnisnehmer haben grundsätzlich die Möglichkeit, die Sicherung ihres Anspruches durch dinglichen Arrest

---

189 Gockel – Notar Formulare Testamentsgestaltung / *Gockel*, § 5 Rn. 23.
190 Ausführlicher dazu 1. Teil C. III. Einkommensteuerpflicht.

nach § 916 ZPO zu verlangen; auch, wenn die gerichtliche Durchsetzbarkeit schwierig sein dürfte und die strengen Voraussetzungen eines solchen Antrags in den meisten Fällen nicht erfüllt sein werden. Bereits die Konfrontation des Längerlebenden mit einem gerichtlichen Verfahren dieser Art, unabhängig von dessen Erfolg, stellt offenkundig eine Belastung für den Längerlebenden dar, sodass eine vorbeugende testamentarische Regelung zu begrüßen ist.

f) Formulierungsvorschlag Kössinger/ Zintl

aa) Muster

„Der Erstversterbende beschwert seinen Erben mit folgendem Zweckvermächtnis gemäß §§ 2151 ff., 2156 BGB zugunsten der gemeinsamen Kinder ... und deren Abkömmlingen.

Zweck des Vermächtnisses (§ 2156 BGB) ist es,

- allen oder einzelnen Vermächtnisnehmern eine Abfindung dafür zu gewähren, dass sie beim ersten Erbfall lediglich Ersatzerben sind,
- eine möglichst gerechte und wirtschaftlich sinnvolle Vermögensverteilung zu erreichen und
- dem Längerlebenden und den Bedachten das Ausnutzen der erbschaftsteuerlichen Freibeträge zu ermöglichen.
- dem Beschwerten steht das Bestimmungsrecht zu. Er ist berechtigt,
- die von ihm geschuldete Leistung nach billigem Ermessen zu bestimmen (§ 2156 BGB) sowie festzulegen,
- wer aus dem vorstehend festgelegten Kreis der Vermächtnisnehmer etwas erhält (§ 2151 BGB),
- ob er etwas erhält und was und wann der jeweils Bedachte etwas erhält (§§ 2151, 2156 BGB).

Der Beschwerte kann bei der Übertragung von Gegenständen auch Ausgleichszahlungen festlegen. Insoweit wird der jeweilige Empfänger mit einem bedingten Untervermächtnis zugunsten des durch die Ausgleichzahlung Begünstigten beschwert. Auch diesbezüglich steht dem Längerlebenden ein Bestimmungsrecht zu. Begünstigter kann nur der Längerlebende von uns oder ein anderer Vermächtnisnehmer sein.

Das Vermächtnis fällt mit dem Tod des Erstversterbenden an. **Der Zeitpunkt der Erfüllung ist jedoch gemäß § 2181 BGB in das freie Belieben des Beschwerten gestellt; er kann das Vermächtnis auch durch mehrere zeitlich auseinanderfallende Einzelleistungen erfüllen, spätestens jedoch zum* (*zeitlich kürzer als durchschnittliche Lebenserwartung).**

Der Längerlebende ist befugt, sich einen Nießbrauch an einzelnen oder allen Vermächtnisgegenständen vorzubehalten, bei dem er alle Kosten zu tragen hat. Er kann den Nießbrauch auf eigene Kosten an nächstoffener Rangstelle im Grundbuch zur Eintragung bringen. Der Längerlebende kann sich auch einen bedingten Anspruch auf Rückübertragung vorbehalten für den Fall

- der Verfügung des Vermächtnisnehmers über den Vermächtnisgegenstand zu Lebzeiten des Längerlebenden von uns ohne dessen vorherige Zustimmung
- des Vorversterbens eines Vermächtnisnehmers vor dem Tode des Längerlebenden von uns,
- der Zwangsvollstreckung in den Vermächtnisgegenstand, ohne dass die Maßnahme innerhalb von drei Monate wieder aufgehoben worden ist,
- der Insolvenz des Vermächtnisnehmers oder der Ablehnung mangels Masse.

Der Beschwerte ist befugt, sich zur Sicherung des bedingten Rückübertragungsanspruchs bei Grundbesitz eine Auflassungsvormerkung an nächstoffener Rangstelle im Grundbuch auf eigene Kosten eintragen zu lassen."[191]

bb) Bewertung

Kössinger/ Zintl haben im Jahr 2020 in ihrem Muster die typischen Zweckbestimmungen (Abfindung, Vermögensverteilung, Erbschaftsteuerfreibeträge) verwandt.

Zudem wird dem Bestimmungsberechtigten die Möglichkeit eingeräumt, bei Vermächtnisgegenständen Ausgleichszahlungen durch Untervermächtnisse festzulegen. Ferner kann sich der Längerlebende für alle oder einzelne Vermächtnisgegenstände Nießbrauchs- sowie weitere Sicherungsrechte vorbehalten.

Besonders sticht der Vorbehalt des bedingten Anspruchs auf Rückübertragung hervor. Dem Längerlebenden ist es möglich, in bestimmten benannten Fällen, die Rückübertragung des Vermächtnisgegenstandes zu fordern. Dieses stellt ein zusätzliches Sicherungsmittel für den Längerlebenden persönlich sowie insbesondere auch für das Familienvermögen aus wirtschaftlicher Sicht dar, da der Zugriff auf den Vermächtnisgegenstand im Falle einer Insolvenz oder Zwangsvollstreckung vermieden werden kann.

---

191 Nieder/ Kössinger – Testamentsgestaltung/ *Kössinger / Zintl*, § 6 h) Rn. 209.

Erwähnenswert ist, dass bei der Regelung über die Fälligkeit des Vermächtnisanspruchs dieser Zeitpunkt grundsätzlich in das freie Belieben des Beschwerten gestellt wird, mit der Maßgabe, dass die Erfüllung des Anspruchs spätestens in einem Zeitraum erfolgen muss, welcher kürzer als die durchschnittliche Lebenserwartung ist. Hier stellt sich eine ähnliche Problematik wie bei dem Muster von *Bredemeyer.* Argumentativ lässt sich zwar aufgrund der Vorgabe – unter der durchschnittlichen Lebenserwartung – die Gefahr einer steuerlichen Umgehung vermindern. Jedoch hilft diese Konstellation auch nur bedingt, die steuerlichen Vorteile zu sichern, da das Versterben der Beteiligten nicht unbedingt der Statistik folgt.

g) *Formulierungsvorschlag Bartsch*
aa) *Muster*

„Nimmt der überlebende Ehegatte die Erbschaft an und wird so Alleinerbe, so erhalten die gemeinsamen Kinder, ersatzweise deren Abkömmlinge einschließlich adoptierter und nichtehelicher Abkömmlinge, vom Erstversterbenden ein Zweckvermächtnis gemäß §§ 2151 ff., 2156 BGB.

Zweck des Vermächtnisses ist es einerseits, allen oder einzelnen Abkömmlingen eine Abfindung dafür zu gewähren, dass sie beim ersten Erbfall enterbt sind, andererseits soll das Vermächtnis das Ausnutzen der erbschaftsteuerlichen Freibeträge ermöglichen.

Dem überlebenden Ehegatten steht zur Vereinbarung dieser Zwecke mit einer ausgewogenen familiären Vermögensverteilung sowie mit dem eigenen Interesse auf Sicherung seiner Altersversorgung ein umfassendes Bestimmungsrecht zu. Er kann bestimmen

– den Gegenstand, die Bedingungen und den Zeitpunkt der Leistungen (§ 2156 BGB), dies im Rahmen von § 2156 S. 2, 315 BGB insbesondere auch unter Berücksichtigung seines eigenen Versorgungsinteresses;
– die Zeit der Erfüllung nach § 2181 BGB;
– diejenigen, die aus dem Kreis der eingangs Genannten das Vermächtnis erhalten sollen (§ 2151 BGB)
– sowie deren Anteile an dem Vermächtnis (§ 2153 BGB).

Der überlebende Ehegatte hat die Zeit der Erfüllung des Vermächtnisses so zu bestimmen, dass die Erfüllung innerhalb von … Jahren nach dem Tod des erstversterbenden Ehegatten erfolgt. Weiterhin kann der überlebende Ehegatte dann, wenn er Grundstücke zum Gegenstand des Vermächtnisses macht,

– mit Untervermächtnissen Ausgleichszahlungen anordnen,

- sich an den Grundstücken den Nießbrauch mit einem von ihm zu bestimmenden Inhalt vorbehalten,
- sich hinsichtlich der Grundstücke Rückforderungsrechte für die Fälle der Veräußerung oder Belastung durch den Vermächtnisnehmer, des Vorversterbens des Vermächtnisnehmers und des Vermögensverlustes des Vermächtnisnehmers vorbehalten
- sowie grundbuchmäßige Sicherheiten hierfür bestellen."[192]

bb) Bewertung

Dieser Formulierungsvorschlag ebenfalls aus dem Jahr 2020 folgt im Wesentlichen den bekannten vorangegangenen Mustern.

Bei diesem Formulierungsvorschlag wird jedoch hinsichtlich der Fälligkeit des Vermächtnisanspruchs eine bestimmte Anzahl von Jahren nach dem Tod des erstversterbenden Ehegatten festgelegt, welche zumindest die Möglichkeit bietet, bei entsprechend geringerer Anzahl von Jahren, die Chancen der Sicherung der steuerlichen Vorteile zu erhöhen.

Es sind keine Regelungen zum Schutz vor gerichtlichen Anträgen auf Bestimmung einer Frist oder eines dinglichen Arrestes enthalten.

Kritisch zu beurteilen ist, dass Ausgleichszahlungen nur dann vorgesehen sind, wenn Grundstücke Gegenstand des Vermächtnisses sind. Es ist durchaus zielführend, auch für andere Vermächtnisgegenstände die Möglichkeit der Festlegung von Ausgleichszahlungen vorzusehen.

h) Formulierungsvorschlag Sammet
aa) Muster

(1) Offener Erfüllungszeitpunkt

„[...] 2) Supervermächtnis
Der Erstversterbende beschwert seinen Erben mit folgendem Bestimmungs- und Zweckvermächtnis zu Gunsten unserer gemeinschaftlichen Abkömmlinge.
Zweck des Vermächtnisses ist es,

- allen oder einzelnen Vermächtnisnehmern eine Abfindung dafür zu gewähren, dass sie beim ersten Erbfall lediglich Ersatzerben sind,
- eine möglichst optimale, wirtschaftlich sinnvolle und streitvermeidende Vermögensverteilung zu erreichen und
- dem Längerlebenden und den Bedachten das Ausnutzen der erbschaftsteuerlichen Freibeträge des Vorverstorbenen zu ermöglichen.

---

192 Uricher / *Bartsch*, Erbrecht, § 2 Rn. 106.

Dem Beschwerten steht dabei folgendes Bestimmungsrecht zu:

Er ist berechtigt, die von ihm geschuldete Leistung nach billigem Ermessen zu bestimmen sowie festzulegen, wer aus dem festgelegten Kreis der Vermächtnisnehmer etwas erhält, ob ein bestimmter Vermächtnisnehmer etwas erhält, und wann der jeweils Bedachte etwas bekommt. Der Zeitpunkt der Erfüllung des Vermächtnisses ist in das freie Belieben des Beschwerten gestellt. Er kann das Vermächtnis auch durch mehrere zeitlich auseinanderfallende Einzelleistungen erfüllen.

Der Beschwerte kann bei der Übertragung von Gegenständen auch Ausgleichszahlungen zu Gunsten unserer Kinder und von deren Abkömmlingen festlegen. Insoweit wird der jeweilige Empfänger mit einem bedingten Untervermächtnis zu Gunsten des durch die Ausgleichszahlung Begünstigten beschwert. Auch diesbezüglich steht dem Längerlebenden ein Bestimmungsrecht zu. Begünstigter kann neben unseren Abkömmlingen auch der Erbe selbst ein.

Das Vermächtnis fällt mit dem Tod des Erstversterbenden an.

Der Längerlebende ist befugt, sich einen Nießbrauch an den Vermächtnisgegenständen vorzubehalten, bei dem er alle Aufwendungen, Lasten und Kosten zu tragen hat, auch solche, die nach den gesetzlichen Bestimmungen vom Eigentümer zu tragen wären. Soweit es sich um Grundbesitz handelt, kann er den Nießbrauch auf eigene Kosten an nächstoffener Rangstelle (maßgeblicher Zeitpunkt: Tod des ersten von uns) im Grundbuch zur Eintragung bringen. **Der Längerlebende kann sich auch einen bedingten Anspruch auf Rückübertragung vorbehalten für den Fall,**

- **dass das Eigentum am Vermächtnisgegenstand ganz oder teilweise durch Rechtsgeschäft, Erbfolge oder in anderer Weise auf andere Personen als den Vermächtnisnehmer übergegangen ist,**
- **dass der Eigentümer des Vermächtnisgegenstands rechtsgeschäftlich eine Übereignungspflicht im Sinne der vorgehenden Bestimmung begründet oder den Vermächtnisgegenstand ohne Zustimmung des Erben ganz oder teilweise belastet,**
- der Zwangsvollstreckung in den Vermächtnisgegenstand, ohne dass die Maßnahme innerhalb von drei Monaten wieder aufgehoben worden ist,
- der Insolvenz des Vermächtnisnehmers oder der Ablehnung mangels Masse oder
- **dass der Wert des Vermächtnisgegenstands in die Durchführung eines Zugewinnausgleichs oder eines ähnlichen güterrechtlichen Ausgleichs einbezogen ist.**

Den weiteren Inhalt dies Anspruchs darf er Erbe ebenfalls nach billigem Ermessen festlegen.

Der Längerlebende ist befugt, sich den bedingten Rückübertragungsanspruch bei Grundbesitz im Rang nach dem Nießbrauch, im Übrigen an nächstoffener Rangstelle im Grundbuch auf eigene Kosten sichern zu lassen. **Der Notar hat darauf hingewiesen, dass die Zulässigkeit eines Vermächtnisses mit dem vorstehenden Inhalt obergerichtlich nicht geklärt ist und teilweise im Hinblick auf die Höchstpersönlichkeit der Anordnung letztwilliger Verfügungen** als unzulässig erachtet wird. Ist das Vermächtnis unwirksam, werden auch – jedenfalls zivilrechtlich – die damit angestrebten Wirkungen verfehlt. Die Beteiligten bestanden trotzdem auf Beurkundung mit dem vorstehenden Inhalt.[…]"[193]

(2) Festgelegter Erfüllungszeitpunkt

„[…](2) Supervermächtnis

Der Erstversterbende beschwert seinen Erben mit folgendem Bestimmungs- und Zweckvermächtnis zu Gunsten unserer gemeinschaftlichen Abkömmlinge.

Zweck des Vermächtnisses ist es,

– allen oder einzelnen Vermächtnisnehmern eine Abfindung dafür zu gewähren, dass sie beim ersten Erbfall lediglich Ersatzerben sind,
– eine möglichst optimale, wirtschaftlich sinnvolle und streitvermeidende Vermögensverteilung zu erreichen und
– dem Längerlebenden und den Bedachten das Ausnutzen der erbschaftsteuerlichen Freibeträge des Vorverstorbenen zu ermöglichen.

Dem Beschwerten steht dabei folgendes Bestimmungsrecht zu:

Er ist berechtigt, die von ihm geschuldete Leistung nach billigem Ermessen zu bestimmen sowie festzulegen, wer aus dem festgelegten Kreis der Vermächtnisnehmer etwas erhält, ob ein bestimmter Vermächtnisnehmer etwas erhält, und wann der jeweils Bedachte etwas bekommt. Er kann das Vermächtnis auch durch mehrere zeitlich auseinanderfallende Einzelleistungen erfüllen. Die Erfüllung hat aber spätestens mit der Vollendung des 75. Lebensjahres des Längerlebenden von uns zu erfolgen.

Der Beschwerte kann bei der Übertragung von Gegenständen auch Ausgleichszahlungen zu Gunsten unserer Kinder und von deren Abkömmlingen festlegen. Insoweit wird der jeweilige Empfänger mit einem bedingten Untervermächtnis zu Gunsten des durch die Ausgleichszahlung Begünstigten beschwert. Auch diesbezüglich steht dem Längerlebenden ein Bestimmungsrecht zu. Begünstigter kann neben unseren Abkömmlingen auch der Erbe selbst ein.

Das Vermächtnis fällt mit dem Tod des Erstversterbenden an.

Der Längerlebende ist befugt, sich einen Nießbrauch an den Vermächtnisgegenständen vorzubehalten, bei dem er alle Aufwendungen, Lasten und Kosten zu tragen hat, auch solche, die nach den gesetzlichen Bestimmungen vom Eigentümer zu tragen wären. Soweit es sich um Grundbesitz handelt, kann er den Nießbrauch auf eigene Kosten an nächstoffener Rangstelle (maßgeblicher Zeitpunkt: Tod des ersten von uns) im Grundbuch zur Eintragung bringen. Der Längerlebende kann sich auch einen bedingten Anspruch auf Rückübertragung vorbehalten für den Fall,

– dass das Eigentum am Vermächtnisgegenstand ganz oder teilweise durch Rechtsgeschäft, Erbfolge oder in anderer Weise auf andere Personen als den Vermächtnisnehmer übergegangen ist,

---

– dass der Eigentümer des Vermächtnisgegenstands rechtsgeschäftlich eine Übereignungspflicht im Sinne der vorgehenden Bestimmung begründet oder den Vermächtnisgegenstand ohne Zustimmung des Erben ganz oder teilweise belastet,
– der Zwangsvollstreckung in den Vermächtnisgegenstand, ohne dass die Maßnahme innerhalb von drei Monaten wieder aufgehoben worden ist,
– der Insolvenz des Vermächtnisnehmers oder der Ablehnung mangels Masse oder
– dass der Wert des Vermächtnisgegenstands in die Durchführung eines Zugewinnausgleichs oder eines ähnlichen güterrechtlichen Ausgleichs einbezogen ist.

Den weiteren Inhalt dieses Anspruchs darf der Erbe ebenfalls nach billigem Ermessen festlegen.

Der Längerlebende ist befugt, sich den bedingten Rückübertragungsanspruch bei Grundbesitz im Rang nach dem Nießbrauch, im Übrigen an nächstoffener Rangstelle im Grundbuch auf eigene Kosten sichern zu lassen.

Der Notar hat darauf hingewiesen, dass die Zulässigkeit eines Vermächtnisses mit dem vorstehenden Inhalt obergerichtlich nicht geklärt ist und teilweise im Hinblick auf die Höchstpersönlichkeit der Anordnung letztwilliger Verfügungen als unzulässig erachtet wird. Ist das Vermächtnis unwirksam, werden auch – jedenfalls zivilrechtlich – die damit angestrebten Wirkungen verfehlt. Die Beteiligten bestanden trotzdem auf Beurkundung mit dem vorstehenden Inhalt. [...]"[194]

bb) Bewertung

Besonders hierbei ist, dass zugleich zwei Varianten angeboten werden, zum einen ein Muster mit offenem Erfüllungszeitpunkt und ein weiteres mit festgelegtem Erfüllungszeitpunkt. Beide Muster aus dem Jahr 2020[195] enthalten die typischen und wesentlichen Punkte. Der Erfüllungszeitpunkt wird im zweiten Muster auf 75 Jahre festgelegt.

Diese Muster enthalten ergänzend zu den vorherigen die Möglichkeit einer Rückübertragung für den Fall, dass der Wert des Vermächtnisgegenstands in die Durchführung eines Zugewinnausgleichs oder eines ähnlichen güterrechtlichen Ausgleichs einbezogen ist, dieses ist positiv zu würdigen.

---

194   BeckOF / *Sammet*, 5.1.4.1.2.
195   Die aktualisierte Version dieses Formulierungsvorschlages, Stand: 01.01.2023, enthält keine inhaltlichen Änderungen.

i) Formulierungsvorschl Beckervordersandfort / Bock
aa) Muster

„(1) Die folgenden Vermächtnisse bezwecken, allen oder einzelnen Vermächtnisnehmern eine Abfindung dafür zu gewähren, dass sie beim Tod des Erstversterbenden lediglich Ersatzerben bzw. Schlusserben sind. Sie dienen zudem dem Ausschöpfen der erbschaftsteuerlichen Freibeträge nach dem erstversterbenden Ehegatten und der **Abmilderung der Steuerprogression nach dem längstlebenden Ehegatten.**

(2) **Jeder Ehegatte wendet daher für den Fall, dass er der Erstversterbende ist, den gemeinsamen Kindern ... und ... jeweils per Vermächtnis Guthaben auf Giro-, Fest- und Tagesgeldkonten, Depots, Immobilien oder Gesellschaftsbeteiligungen in Höhe des in dem Todeszeitpunkt des Erstversterbenden noch nicht durch lebzeitige Verfügungen ausgenutzten Erbschaftsteuerfreibetrages zu. Es wird klargestellt, dass sich diese Vermächtnisse gegenständlich auf die Wertpapiere in den Depots, die Immobilien oder Gesellschaftsbeteiligungen beziehen. Der Erbe kann nach billigem Ermessen wählen, welche Vermögenswerte als Vermächtnis übertragen werden. Maximal beträgt der Wert der Vermächtnisse zugunsten der Kinder insgesamt ... % des Reinnachlasses. Die Festlegung der Höhe dieser Vermächtnisse liegt ausdrücklich nicht im Ermessen des Erben.**

(3) Zusätzlich beschwert jeder Ehegatte für den Fall, dass er der Erstversterbende ist, seinen Erben, also den jeweils anderen Ehegatten, mit einem Bestimmungs-, Anteils- und Zweckvermächtnis zugunsten der gemeinsamen Kinder ... und ... sowie deren Abkömmlingen. Dem Beschwerten steht für diese weiteren Vermächtnisse das Bestimmungsrecht zu. Er ist berechtigt, festzulegen, wer aus dem Kreis der Vermächtnisnehmer etwas erhält. Weiterhin ist er berechtigt, die von ihm geschuldete Leistung nach billigem Ermessen zu bestimmen, wobei er festlegen darf, ob, was und wann der aus dem Kreis der Vermächtnisnehmer Ausgewählte etwas erhält. Zudem ist er befugt, sich einen Nießbrauch an den Vermächtnisgegenständen vorzubehalten. **Bei der Ausübung des Bestimmungsrechts gilt als Leitlinie für das billige Ermessen, dass dem Grundsatz nach jeder zum Kreis der Vermächtnisnehmer Gehörende eine Zuwendung zur Ausnutzung seines nach Abs. 2 unausgeschöpften Erbschaftsteuerfreibetrages sowie zusätzlich zur Abmilderung der Erbschaftsteuerprogression erhält, wobei der Wert der Zuwendungen an alle Vermächtnisnehmer inklusive der Vermächtnisse nach Absatz 2 insgesamt ... % des Wertes des Reinnachlasses nicht überschreiten soll. Eine von diesem Grundsatz abweichende Bestimmung ist zu begründen. Ein Grund für die Abweichung ist z.B., dass ansonsten der länger lebende Ehegatte seinen eigenen standesgemäßen Unterhalt nicht mehr dauerhaft gewährleisten kann. Es wird klargestellt, dass die Regelung dies**

Bestimmungs-, Anteils- und Zweckvermächtnisses auch dazu führen kann, dass die Vermächtnisnehmer keine oder nur sehr geringe weitere Vermächtnisse erhalten.

(4) Die Vermächtnisse fallen mit dem Tod des Erstversterbenden an. **Der Beschwerte hat die Bestimmung innerhalb eines Jahres nach dem Tod des Erstversterbenden zu treffen und die Vermächtnisse spätestens mit Ablauf eines Jahres nach dem Erbfall zu erfüllen,** wobei er innerhalb dies Zeitraums das Vermächtnis durch mehrere, zeitlich auseinanderfallende Einzelleistungen erfüllen kann. **Der Erbe kann einen Vermächtnisgegenstand auch mehreren Vermächtnisnehmern zu gemeinschaftlichem Eigentum übertragen, wenn der Vermächtnisgegenstand nicht teilbar ist. Auch kann der Erbe einem Vermächtnisnehmer verschiedene Vermächtnisgegenstände übertragen. Sämtliche mit der Erfüllung des Vermächtnisses anfallenden Kosten und Steuern trägt der Vermächtnisnehmer.**

(5) **Sollte ein Vermächtnisnehmer vorversterben oder aus einem anderen Grund als Vermächtnisnehmer ausscheiden, sind dessen Abkömmlinge entsprechend den Regeln über die gesetzliche Erbfolge Ersatzvermächtnisnehmer, wobei sich der Vermächtnisbetrag nicht erhöht, sondern die Erbschaftsteuerfreibeträge, die im Verhältnis des ausscheidenden Vermächtnisnehmers zum Erstversterbenden gelten, maßgeblich für die Bestimmung der Höhe der Vermächtnisse sind. Sind keine Abkömmlinge vorhanden, entfällt das Vermächtnis ersatzlos.**

(6) **Sollte die Vermächtnisregelung dazu führen, dass einzelne Kinder oder deren Abkömmlinge höhere Vermächtnisse erhalten, erhalten die anderen Kinder bzw. deren Abkömmlinge, die nach dem Tod des Erstversterbenden ein geringeres Vermächtnis erhalten haben, nach dem Tod des Längstlebenden den Differenzbetrag als Vorausvermächtnis. Sollte nicht ausdrücklich etwas anderes angeordnet sein, so soll dadurch jeder Familienstamm von den Eltern insgesamt gleich hohe Zuwendungen erhalten."**[196]

bb) Bewertung

Der Vorschlag von Beckervordersandfort und Bock aus dem Jahr 2020 bringt einige neue Aspekte und Ergänzungen und stellt eine Variante des klassischen Supervermächtnisses dar.

Bei der Zweckbestimmung wird noch ergänzend die Abmilderung der Steuerprogression genannt, welches eine treffende Erweiterung darstellt.

Zunächst wird ein Sockelvermächtnis zugewandt, welches sich auf Giro-, Fest- und Tagesgeldkonten, Depots, Immobilien oder Gesellschaftsbeteiligungen in Höhe des in dem Todeszeitpunkt des

---

196   *Beckervordersandfort / Bock* ZErb 2020, 117, 120.

Erstversterbenden noch nicht durch lebzeitige Verfügungen ausgenutzten Erbschaftsteuerfreibetrages beschränkt. Zudem wird der Höchstbetrag des Vermächtnisses festgelegt. Bei diesem Sockelvermächtnis ist das Bestimmungsrecht des Längerlebenden deutlich beschränkt, führt aber dazu, dass benannte Abkömmlinge bereits beim Tod des Erstversterbenden durch dieses Vermächtnis bestimmte Vermögenswerte bekommen, da dieses unmittelbar fällig ist.

Zudem wird der Längerlebende mit einem Bestimmungs-, Anteils- und Zweckvermächtnis zugunsten der gemeinsamen Kinder und deren Abkömmlingen beschwert, bei welchem für die Ausübung des Bestimmungsrechts Leitlinien für das billige Ermessen festgelegt werden, und zwar soll jeder zum Kreis der Vermächtnisnehmer Gehörende eine Zuwendung zur Ausnutzung seines unausgeschöpften Erbschaftsteuerfreibetrages sowie zusätzlich zur Abmilderung der Erbschaftsteuerprogression erhalten, wobei der Wert der Zuwendungen insgesamt ... % des Wertes des Reinnachlasses nicht überschreiten soll. Eine Abweichung bedarf einer Begründung. Diese Gestaltung bietet in Ergänzung zum Sockelvermächtnis zwar eine größere Flexibilität und Anpassungsfähigkeit, steht jedoch gegenüber dem klassischen Supervermächtnis, was diese Punkte betrifft, hinten an, bietet aber den signifikanten Vorteil, dass die Abkömmlinge mit hoher Wahrscheinlichkeit aufgrund des sofort fälligen Vermächtnisses in Kombination mit dem Supervermächtnis ihren Pflichtteil nicht geltend machen werden. Der Anreiz zur Geltendmachung des Pflichtteils ist jedenfalls gegenüber dem klassischen Supervermächtnis deutlich geringer.

Dieses zweite Vermächtnis ist spätestens innerhalb eines Jahres zu erfüllen. Diese recht kurze und klare Frist führt einerseits zur Sicherung der steuerlichen Abzugsmöglichkeiten, könnte jedoch den Längerlebenden unter Druck setzen und sogar in wirtschaftliche Schwierigkeiten bringen.

Zudem wird dem Beschwerten die Möglichkeit eingeräumt, den Vermächtnisgegenstand auch mehreren Vermächtnisnehmern zu gemeinschaftlichem Eigentum sowie einem Vermächtnisnehmer verschiedene Vermächtnisgegenstände zu übertragen. Diese Regelung hat allerdings lediglich deklaratorischen Charakter.

Enthalten ist ferner eine streitvermeidende, klare Regelung über die Tragung der Kosten- und Steuerlast. Der Vermächtnisnehmer hat alle mit der Erfüllung des Vermächtnisses anfallenden Kosten und Steuern zu tragen.

j) *Formulierungsvorschlag Gemmer*
aa) *Muster*

„I.   Es folgen zunächst die notarielle Eingangsformel, Vorbemerkungen sowie die vorsorgliche
      Aufhebung bisheriger Verfügungen von Todes wegen.
II.   Erbvertrag

    A) Erster Todesfall

        1. Erbeinsetzung
           Wir setzen uns gegenseitig zu alleinigen Vollerben ein. Der überlebende Teil wird nur nach Maßgabe der Regelungen in den nachfolgenden Bestimmungen beschwert und beschränkt.
        2. Supervermächtnis

Der Erstversterbende beschwert seinen Erben mit folgendem Bestimmungs- und Zweckvermächtnis zugunsten unserer gemeinschaftlichen Abkömmlinge. Zweck des Vermächtnisses ist es,

- allen oder einzelnen Vermächtnisnehmern eine Abfindung dafür zu gewähren, dass sie beim ersten Erbfall lediglich Ersatzerben sind,
- eine möglichst optimale, wirtschaftlich sinnvolle und streitvermeidende Vermögensverteilung zu erreichen und
- dem länger Lebenden und den Bedachten das Ausnutzen der erbschaftsteuerlichen Freibeträge des Vorverstorbenen zu ermöglichen.

Dem Beschwerten steht dabei folgendes Bestimmungsrecht zu:
Er ist berechtigt, die von ihm geschuldete Leistung nach billigem Ermessen zu bestimmen sowie festzulegen, wer aus dem festgelegten Kreis der Vermächtnisnehmer etwas erhält, ob ein bestimmter Vermächtnisnehmer etwas erhält und wann der jeweils Bedachte etwas bekommt. Er kann das Vermächtnis auch durch mehrere zeitlich auseinanderfallende Einzelleistungen erfüllen.
Die Erfüllung hat aber spätestens mit der Vollendung des 70. Lebensjahres des länger Lebenden von uns zu erfolgen.
Der Beschwerte kann bei der Übertragung von Gegenständen auch Ausgleichszahlungen zugunsten unserer Kinder und von deren Abkömmlingen festlegen. Insoweit wird der jeweilige Empfänger mit einem bedingten Untervermächtnis zugunsten des durch die Ausgleichszahlung Begünstigten beschwert. Auch insoweit steht dem länger Lebenden ein Bestimmungsrecht zu. Begünstigter kann neben unseren Abkömmlingen auch der Erbe selbst sein.
Das Vermächtnis fällt mit dem Tod des Erstversterbenden an.
Der länger Lebende ist befugt, sich einen Nießbrauch an den Vermächtnisgegenständen vorzubehalten, bei dem er alle Aufwendungen, Lasten und Kosten zu tragen hat, wozu auch solche gehören, die nach den gesetzlichen Bestimmungen vom Eigentümer zu tragen sind. Soweit es sich um Grundbesitz

handelt, kann er den Nießbrauch auf eigene Kosten an nächstoffener Rangstelle im Grundbuch zur Eintragung bringen. Der länger Lebende kann sich auch einen bedingten Anspruch auf Rückübertragung vorbehalten für den Fall,

- dass das Eigentum am Vermächtnisgegenstand ganz oder teilweise durch Rechtsgeschäft, Erbfolge oder in anderer Weise auf andere Personen als den Vermächtnisnehmer übergegangen ist,
- dass der Eigentümer des Vermächtnisgegenstands rechtsgeschäftlich eine Übereignungspflicht im Sinne der vorgehenden Bestimmung begründet oder den Vermächtnisgegenstand ohne Zustimmung des Erben ganz oder teilweise belastet,
- der Zwangsvollstreckung in den Vermächtnisgegenstand, ohne dass die Maßnahme innerhalb von drei Monaten wieder aufgehoben worden ist,
- der Insolvenz des Vermächtnisnehmers oder der Ablehnung mangels Masse oder
- dass der Wert des Vermächtnisgegenstands in die Durchführung eines Zugewinnausgleichs oder eines ähnlichen güterrechtlichen Ausgleichs einbezogen ist.

Den weiteren Inhalt dieses Anspruchs darf der Erbe ebenfalls nach billigem Ermessen festlegen.

Der länger Lebende ist befugt, sich den bedingten Rückübertragungsanspruch bei Grundbesitz im Rang nach dem Nießbrauch, im Übrigen an nächstoffener Rangstelle im Grundbuch auf eigene Kosten zu sichern.

B) Zweiter Todesfall
Für den Fall des Todes des überlebenden Teils von uns oder für den Fall des gleichzeitigen Versterbens oder des Versterbens binnen eines Monats hintereinander aus gleichem Anlass bestimmen wir hiermit als Schlusserben unsere gemeinsamen (derzeitige und etwaige künftige) Kinder unter sich zu gleichen Teilen. Das sind derzeit unsere beiden Kinder S und T je zur Hälfte.

Sofern ein eingesetzter Schlusserbe – gleich aus welchem Grund – nicht zur Schlusserbfolge gelangt, bestimmen wir als Ersatzerben dessen Abkömmlinge nach den Regeln und im Verhältnis der gesetzlichen Erbfolge. Sind solche nicht vorhanden, wächst der Anteil eines weggefallenen Erben den übrigen Erben verhältnismäßig an.

Eine weitere Ersatzerbfolge wollen wir nicht festlegen.

Eine Nacherbfolge soll mit den Verfügungen unter B) nicht angeordnet sein.

C) Bindung, Rücktritt
Die Verfügungen unter A) nehmen wir vertragsmäßig gegenseitig an, sodass sie nur noch gemeinschaftlich geändert werden können.

Auch die Verfügungen unter B) nehmen wir vertragsmäßig gegenseitig an, sodass sie nur gemeinschaftlich geändert werden können, jedoch mit folgender Ausnahme: Dem Überlebenden von uns bleibt es ausdrücklich vorbehalten, seine Verfügungen für den zweiten Todesfall beliebig aufzuheben oder abzuändern. Der Überlebende soll also in keiner Weise gebunden sein, weder bei Verfügungen unter Lebenden noch bei Verfügungen von Todes wegen. Im

Rahmen der Änderungsbefugnis sind auch die Ansprüche aus §§ 2287, 2288 BGB ausgeschlossen.

Jeder von uns behält sich den Rücktritt von diesem Erbvertrag ohne Angaben von Gründen vor. Das Rücktrittsrecht erlischt mit dem Tod des anderen Vertragsteils. Mit der Ausübung des Rücktritts erlöschen sämtliche Verfügungen in diesem Erbvertrag.

Eine Anfechtung der in dieser Urkunde getroffenen Verfügungen im Fall der Übergehung von auch künftigen pflichtteilsberechtigten Personen im Sinne des § 2079 BGB ist ausgeschlossen. Soweit rechtlich möglich, verzichten wir auf alle etwaigen Anfechtungsrechte und schließen alle etwaigen Anfechtungsrechte Dritter aus.

D) Weitere Bestimmungen

1. Testamentsvollstreckung

Für den Fall des Todes des Erstversterbenden bestimmen wir den länger Lebenden von uns zum Testamentsvollstrecker (TV) über dasjenige Vermögen, das er aufgrund des vorstehenden Vermächtnisses/der Auflage an den jeweiligen Vermächtnisnehmer zu übertragen hat. Die TV dient also sowohl der Erfüllung des Vermächtnisses/der Auflage als auch der Dauertestamentsvollstreckung über das durch Vermächtnis/Auflage erlangte Vermögen bis zur Vollendung des 70. Lebensjahres des länger Lebenden.

Einen Ersatz-TV benennen wir nur für den Fall, dass der länger Lebende von uns vor Erreichen des 30. Lebensjahres des jüngsten zur Erbfolge gelangenden Erben verstirbt. Zum Ersatz-TV ernennen wir für diesen Fall ... Sollte dieser Ersatz-TV vor oder nach Annahme seines Amtes – gleich aus welchem Grund – wegfallen, bestimmen wir ersatzweise ... zum TV. Sollte auch dieser das Amt nicht ausüben können oder wollen, ersuchen wir das Nachlassgericht, einen TV zu ernennen. Der jeweilige Ersatz-TV hat die Aufgabe, den Nachlass zu verwalten und über ihn zu verfügen.

Sobald der jüngste der nach uns zur Erbfolge gelangenden Abkömmlinge das 30. Lebensjahr vollendet hat, hat der TV die Auseinandersetzung des Nachlasses unter den Erben herbeizuführen, wobei er, soweit nicht noch bestimmte Anordnungen hierzu letztwillig verfügt werden, entsprechend den gesetzlichen Bestimmungen und nach billigem Ermessen handeln soll. Bis zum genannten Zeitpunkt ist die Auseinandersetzung des Nachlasses ausgeschlossen.

Jeder TV ist ermächtigt, nach seinem Ermessen eventuell anfallende Erträge des Nachlasses bereits vorzeitig nach Bedarf an den oder die Erben auszuschütten.

Zur Erfüllung seiner Aufgaben hat der TV, soweit gesetzlich zulässig, alle Befugnisse. Er ist in der Eingehung von Verbindlichkeiten für den Nachlass nicht beschränkt. Er ist von den Beschränkungen des § 181 BGB befreit. Der länger lebende Ehegatte als TV, nicht aber die Ersatz-TVs, werden ferner in den Grenzen des § 2220 BGB von allen möglichen Bindungen befreit.

Der länger lebende Ehegatte erhält als TV keine Vergütung, die Ersatz-TVs jedoch eine angemessene Vergütung (zur Vergütung des TV siehe Beitrag von

Gemmer, GStB 19, 66 ff.). Zusätzlich erhält jeder TV nach den gesetzlichen Vorschriften Aufwendungsersatz.

Die TV des länger lebenden Ehegatten endet nicht mit dessen Wiederverheiratung.

Im Umfang der vorstehenden TV ist der länger Lebende von uns – und nur dieser – auch bevollmächtigt, über den gesamten Nachlass zu verfügen – befreit von § 181 BGB. Die Vollmacht ist – soweit möglich – unwiderruflich. Er kann sich jederzeit von dem Notar oder dem Nachlassgericht eine Ausfertigung dieser Urkunde zum Nachweis der Vollmacht erteilen lassen.

2. Bestellung eines Pflegers/Vormunds
Soweit zur Überwachung des TV wegen Interessenkonfliktes ein Pfleger zu bestellen ist, so bestimmen wir hiermit ... zum Pfleger. Sollten wir beide zu einem Zeitpunkt verstorben sein, in dem noch mindestens ein Kind minderjährig ist, so bestimmen wir als Vormund ..."[197]

bb) Bewertung

In diesem Muster aus dem Jahr 2022 wird das Supervermächtnis im Gewand eines notariellen Erbvertrages abgebildet.

Es finden sich die bekannten Zweckbestimmungen wieder, jedoch wird nur die Ausnutzung der erbschaftsteuerlichen Freibeträge genannt und nicht die darüber hinausgehende Überschreitung dieser Freibeträge.

Die späteste Erfüllung des Vermächtnisses wird hier auf das 70. Lebensjahr festgelegt. Dieses kann im Einzelfall problematisch sein, wenn der Bestimmungsberechtigte bereits zuvor verstirbt. Eine diesbezügliche Bestimmung eines Ersatzbestimmungsberechtigten wurde in diesem Muster nicht vorgenommen.

Darüber hinaus wird die Möglichkeit eröffnet, Ausgleichszahlungen durch die Festlegung von Untervermächtnissen zu bestimmen sowie das Nießbrauchsrecht an Vermächtnisgegenständen vorzubehalten. Positiv ist insbesondere herauszustellen, dass auch Ausgleichszahlungen zugunsten von Enkelkindern festgelegt werden können.

Hervorzuheben ist, dass hier eine Testamentsvollstreckung angeordnet wurde, welche der Erfüllung der Vermächtnisse dienen soll. Jedoch wurde als Testamentsvollstrecker der Längerlebende der Ehegatten bestimmt. Eine Testamentsvollstreckung, die grundsätzlich ein Sicherungselement zur Erfüllung der testamentarischen Pflichten darstellt, entfaltet ihre Wirkung

---

197 *Gemmer* ErbBstg 2022, 60 ff.

allerdings nur dann, wenn der Erbe, welcher mit einem Vermächtnis belastet
wurde, und der Testamentsvollstrecker nicht personenidentisch sind.

k) Eigener Formulierungsvorschlag
aa) Grundmuster

Gemeinschaftliches Testament
der Eheleute ***

Vorbemerkung
Wir, die Eheleute ***, geb. am *** in *** und ***, geb. am *** in *** beide wohnhaft: ***, haben am *** vor dem Standesbeamten/in in *** die Ehe geschlossen und leben seither im gesetzlichen Güterstand der Zugewinngemeinschaft.
Es ist für uns beide die *** Ehe. Aus der Ehe sind *** Kinder hervorgegangen,
und zwar

1.   Kind 1, geb. ***
                              wohnhaft:***
2.   Kind 2, geb. am ***
                              wohnhaft: ***
3.   Kind 3, geb. am ***
                              wohnhaft: ***

Wir widerrufen hiermit ausdrücklich und in vollem Umfang alle unsere
bisherigen Verfügungen von Todes wegen und bestimmen nachfolgend unter
Verzicht auf die Möglichkeit einer späteren Anfechtung unseren letzten Willen,
wobei unsere in diesem Testament getroffenen Verfügungen für den ersten und
den zweiten Todesfall voll umfänglich wechselbezüglich und bindend sein sollen. Uns ist bekannt, dass mit dem Ableben des ersten von uns der Überlebende
an seine in diesem Testament getroffene letztwillige Verfügung unwiderruflich
gebunden ist.

I. Rechtswahl
Wir wählen für die Zulässigkeit und materielle Wirksamkeit unserer Verfügungen von Todes wegen und die Rechtsnachfolge nach dem Tod eines jeden von
uns das deutsche Recht. Der gesamte Nachlass jedes einzelnen von uns soll nach
deutschem Recht vererbt werden. Diese Rechtswahl soll auch dann weiterhin
Gültigkeit haben, wenn einer von uns seinen Wohnsitz oder letzten gewöhnlichen Aufenthalt im Ausland hat oder wir uns beide im Ausland aufhalten.

II. Erbeinsetzung
Wir setzen uns gegenseitig zu Alleinerben ein.
Als Ersatzerben bestimmen wir unsere Abkömmlinge *** zu gleichen Teilen.

III. Vermächtnisse des Erstversterbenden
Nimmt der Längerlebende von uns die Erbschaft an und wird damit Alleinerbe, so erhalten unsere gemeinsamen Kinder, ersatzweise, die vor oder nach dem Ableben des Erstversterbenden von uns, geborenen oder gezeugten und geborenen Enkelkinder einschließlich adoptierter und nichtehelicher Abkömmlinge, vom erstversterbenden Ehegatten, ein Zweckvermächtnis gem. §§ 2151 ff., 2156 BGB in Form eines Sachvermächtnisses (Vermächtnis durch Sachzuwendungen).

Zweck des Vermächtnisses gemäß den §§ 2156, 2153, 2151 BGB ist es, allen oder einzelnen Vermächtnisnehmern

- eine Abfindung dafür zu gewähren, dass sie beim ersten Erbfall durch die Einsetzung des längerlebenden Elternteils enterbt bzw. beim ersten Erbfall lediglich Ersatzerben geworden sind, sowie
- eine möglichst optimale, wirtschaftlich sinnvolle und streitvermeidende Vermögensverteilung zu erreichen,
- dem Längerlebenden und den Abkömmlingen das Ausnutzen oder Überschreiten der erbschaftsteuerlichen Freibeträge des Vorverstorbenen zu ermöglichen,
- die Steuerprogression nach dem Längerlebenden abzumildern sowie
- die Interessen des Längerlebenden auf Sicherung seiner Altersversorgung zu berücksichtigen.

Der Längerlebende von uns hat ein umfassendes Bestimmungsrecht. Ist der Längerlebende nicht mehr in der Lage dieses auszuüben, weil dieser geschäftsunfähig oder vor Ausübung des Bestimmungsrechts verstorben ist, soll der von uns benannte Testamentsvollstrecker das Bestimmungsrecht ausüben.

(Alternativ: Ist der Längerlebende nicht mehr in der Lage dieses auszuüben, weil dieser geschäftsunfähig oder vor Ausübung des Bestimmungsrechts verstorben ist, entfällt das Vermächtnis)

Er ist berechtigt, die von ihm geschuldete Leistung nach billigem Ermessen zu bestimmen, er kann den Gegenstand, die Bedingungen und den Zeitpunkt der Leistungen festlegen (§ 2156 BGB) sowie bestimmen, wer aus dem Kreis der vorgenannten Vermächtnisnehmer etwas erhält (§ 2151 BGB), ob diese etwas erhalten und was sowie wann der jeweils Bedachte etwas erhält (§§ 2151,

2156 BGB). Er hat eine Ersetzungsbefugnis inne, wonach das Vermächtnis durch Sachleistung auch durch eine Geldzahlung erfüllt werden kann. Das Vermächtnis fällt mit dem Tod des Erstversterbenden an. Der Zeitpunkt der Erfüllung ist jedoch gemäß § 2181 BGB in das freie Belieben des Beschwerten gestellt; er kann das Vermächtnis auch durch mehrere zeitlich auseinanderfallende Einzelleistungen erfüllen. Der Längerlebende von uns hat die Zeit der Erfüllung des Vermächtnisses so zu bestimmen, dass die Erfüllung innerhalb von 3 Jahren nach dem Tod des erstversterbenden Ehegatten erfolgt. Das Vermächtnis wird erst mit Ausübung der Wahlmöglichkeiten fällig.

Der Beschwerte kann bei Übertragung eines jeden Vermächtnisgegenstandes (Geldbetrag, Gegenstände, Grundstücke) Ausgleichszahlungen zugunsten der vorbezeichneten Abkömmlinge festlegen. Insoweit wird der jeweilige Empfänger mit einem bedingten Untervermächtnis zugunsten des durch die Ausgleichszahlung Begünstigten beschwert.

Dem Längerlebenden wird das Recht eingeräumt, sich einen Nießbrauch an einzelnen oder allen Vermächtnisgegenständen vorzubehalten, bei welchen ihm jedoch die Kostentragungslast trifft. Eine Absicherung im Grundbuch ist auf seine Kosten möglich. Der Längerlebende kann sich zudem einen bedingten Anspruch auf Rückübertragung vorbehalten für den Fall

- der Verfügung des Vermächtnisnehmers über den Vermächtnisgegenstand zu Lebzeiten des Längerlebenden von uns ohne dessen vorherige Zustimmung,
- dass der Wert oder Wertzuwachs des Vermächtnisgegenstands in die Durchführung eines Zugewinnausgleichs oder eines ähnlichen güterrechtlichen Ausgleichs einbezogen ist,
- des Vorversterbens eines Vermächtnisnehmers vor dem Tode des Längerlebenden von uns,
- der Zwangsvollstreckung in den Vermächtnisgegenstand, ohne dass die Maßnahme innerhalb von drei Monaten wieder aufgehoben worden ist,
- der Insolvenz des Vermächtnisnehmers oder der Ablehnung mangels Masse.

Den weiteren Inhalt dieses Anspruchs darf der Längerlebende von uns nach billigem Ermessen festlegen.

Jeder Vermächtnisnehmer hat alle Kosten, welche mit der Erfüllung des jeweiligen Vermächtnisses verbunden sind, zu tragen.

Im Wege des Untervermächtnisses wird jeder Vermächtnisnehmer verpflichtet, bis zur Fälligkeit seines Anspruchs weder eine Sicherung zu verlangen noch selbst durchzusetzen. Ferner wird derjenige unserer Abkömmlinge, der beim Nachlassgericht einen Antrag stellt, dem Längerlebenden von uns eine

Frist zur Bestimmung des Begünstigten oder der Anteile der Begünstigten zu setzen, als Vermächtnisnehmer ausgeschlossen.

Beim Vorversterben eines Vermächtnisnehmers oder bei Ausscheiden aus einem anderen Grund, sind dessen Abkömmlinge nach Stämmen Ersatzvermächtnisnehmer. Das Vermächtnis entfällt, wenn keine Abkömmlinge vorhanden sind.

IV. Schlusserben
Erbe des Längerlebenden von uns werden unsere Kinder zu gleichen Teilen.

Für den Fall, dass eines unserer Kinder vor dem Längerlebenden verstirbt oder aus anderen Gründen als Erbe entfallen sollte, treten an seine Stelle zu gleichen Teilen seine Abkömmlinge nach Stämmen, hilfsweise die übrigen Geschwister.

V. Testamentsvollstreckung
Für unseren Nachlass ordnen wir die Testamentsvollstreckung an. Zum Testamentsvollstrecker werden Herr ***, ersatzweise Frau ***, beide geschäftsansässig *** Hamburg benannt. Die Tätigkeit des Testamentsvollstreckers ist diesem nach Zeitaufwand mit seinen üblichen Stundensätzen von mind. netto *** zu Lasten des Nachlasses zu vergüten. Der Testamentsvollstrecker ist berechtigt, diese Vergütung für sich selbst einzuziehen.

VI. Erbschaftsteuer
Eine etwaig anfallende Erbschaftsteuer hat jeder Begünstigte selbst zu tragen.

Ort, den 2023   Ort, den 2023

—————————————————   —————————————————

Testierende/ Eheleute
Das gemeinschaftliche Testament kann von einem Ehepartner handschriftlich zu Papier gebracht werden. Der zweite Ehepartner hat das Testament dann mit Angabe von Ort und Datum mit zu unterzeichnen. Der Zusatz „dies soll auch mein letzter Wille sein" kann hinzugefügt werden. Notwendig ist dies aber nicht.

bb) Variante 1

Gemeinschaftliches Testament
der Eheleute ***

Vorbemerkung
Wir, die Eheleute ***, geb. am *** in *** und ***, geb. am *** in *** beide wohnhaft: ***, haben am *** vor dem Standesbeamten/in in *** die Ehe geschlossen

und leben seither im gesetzlichen Güterstand der Zugewinngemeinschaft. Es ist für uns beide die *** Ehe. Aus der Ehe sind *** Kinder hervorgegangen, und zwar

1. Kind 1, geb. ***
    wohnhaft:***
2. Kind 2, geb. am ***
    wohnhaft: ***
3. Kind 3, geb. am ***
    wohnhaft: ***

Wir widerrufen hiermit ausdrücklich und in vollem Umfang alle unsere bisherigen Verfügungen von Todes wegen und bestimmen nachfolgend unter Verzicht auf die Möglichkeit einer späteren Anfechtung unseren letzten Willen, wobei unsere in diesem Testament getroffenen Verfügungen für den ersten und den zweiten Todesfall voll umfänglich wechselbezüglich und bindend sein sollen. Uns ist bekannt, dass mit dem Ableben des ersten von uns der Überlebende an seine in diesem Testament getroffene letztwillige Verfügung unwiderruflich gebunden ist.

I. Rechtswahl
Wir wählen für die Zulässigkeit und materielle Wirksamkeit unserer Verfügungen von Todes wegen und die Rechtsnachfolge nach dem Tod eines jeden von uns das deutsche Recht. Der gesamte Nachlass jedes einzelnen von uns soll nach deutschem Recht vererbt werden. Diese Rechtswahl soll auch dann weiterhin Gültigkeit haben, wenn einer von uns seinen Wohnsitz oder letzten gewöhnlichen Aufenthalt im Ausland hat oder wir uns beide im Ausland aufhalten.

II. Erbeinsetzung
Wir setzen uns gegenseitig zu Alleinerben ein.
    Als Ersatzerben bestimmen wir unsere Abkömmlinge *** zu gleichen Teilen.

III. Vermächtnisse des Erstversterbenden

Nimmt der Längerlebende von uns die Erbschaft an und wird damit Alleinerbe, so erhalten unsere gemeinsamen Kinder, ersatzweise, die vor oder nach dem Ableben des Erstversterbenden von uns, geborenen oder gezeugten und geborenen Enkelkinder einschließlich adoptierter und nichtehelicher Abkömmlinge, vom erstversterbenden Ehegatten ein Vermächtnis über einen Geldbetrag, Depots, Immobilien oder Gesellschaftsbeteiligungen. Die Höhe dieses Vermächtnisses liegt nicht im Ermessen des Erben und bestimmt sich nach dem noch ungenutzten Erbschaftsteuerfreibetrag im Todeszeitpunkt des Erstversterbenden. Der Vermächtnisgegenstand ist auf einen Geldbetrag, die Wertpapiere in den Depots, die Immobilien oder Gesellschaftsbeteiligungen begrenzt. Der Erbe kann nach billigem Ermessen entscheiden, welche Vermögenswerte als Vermächtnis übertragen werden. Der gesamte Vermächtniswert zugunsten der Abkömmlinge ist auf *** % des Reinnachlasses begrenzt. Das Vermächtnis ist unmittelbar mit dem Tod des Erstversterbenden fällig.

Darüber hinaus erhalten unsere gemeinsamen Kinder, ersatzweise, die vor oder nach dem Ableben des Erstversterbenden von uns, geborenen oder gezeugten und geborenen Enkelkinder einschließlich adoptierter und nichtehelicher Abkömmlinge, vom erstversterbenden Ehegatten, ein Zweckvermächtnis gem. §§ 2151 ff., 2156 BGB in Form eines Sachvermächtnisses (Vermächtnis durch Sachzuwendungen).

Zweck des Vermächtnisses gemäß den §§ 2156, 2153, 2151 BGB ist es, allen oder einzelnen Vermächtnisnehmern

- eine Abfindung dafür zu gewähren, dass sie beim ersten Erbfall durch die Einsetzung des längerlebenden Elternteils enterbt bzw. beim ersten Erbfall lediglich Ersatzerben geworden sind, sowie
- eine möglichst optimale, wirtschaftlich sinnvolle und streitvermeidende Vermögensverteilung zu erreichen,
- dem Längerlebenden und den Abkömmlingen das Ausnutzen oder Überschreiten der erbschaftsteuerlichen Freibeträge des Vorverstorbenen zu ermöglichen,
- die Steuerprogression nach dem Längerlebenden abzumildern sowie
- die Interessen des Längerlebenden auf Sicherung seiner Altersversorgung zu berücksichtigen.

Der Längerlebende von uns hat ein umfassendes Bestimmungsrecht. Ist der Längerlebende nicht mehr in der Lage dieses auszuüben, weil dieser geschäftsunfähig oder vor Ausübung des Bestimmungsrechts verstorben ist, soll der von uns benannte Testamentsvollstrecker das Bestimmungsrecht ausüben.

(Alternativ: Ist der Längerlebende nicht mehr in der Lage dieses auszuüben, weil dieser geschäftsunfähig oder vor Ausübung des Bestimmungsrechts verstorben ist, entfällt das Vermächtnis)

Er ist berechtigt, die von ihm geschuldete Leistung nach billigem Ermessen zu bestimmen, er kann den Gegenstand, die Bedingungen und den Zeitpunkt der Leistungen festlegen (§ 2156 BGB) sowie bestimmen, wer aus dem Kreis der vorgenannten Vermächtnisnehmer etwas erhält (§ 2151 BGB), ob diese etwas erhalten und was sowie wann der jeweils Bedachte etwas erhält (§§ 2151, 2156 BGB). Er hat eine Ersetzungsbefugnis inne, wonach das Vermächtnis durch Sachleistung auch durch eine Geldzahlung erfüllt werden kann.

Der Wert der Zuwendungen an alle Vermächtnisnehmer einschließlich des Vermächtnisses (III. 1.) soll *** % des Reinnachlasswertes nicht überschreiten. Eine Abweichung von diesem Grundsatz ist zu erläutern. Eine Begründung könnte beispielsweise das eigene Versorgungsinteresse des Längerlebenden sein.

Das Vermächtnis fällt mit dem Tod des Erstversterbenden an. Der Zeitpunkt der Erfüllung ist jedoch gemäß § 2181 BGB in das freie Belieben des Beschwerten gestellt; er kann das Vermächtnis auch durch mehrere zeitlich auseinanderfallende Einzelleistungen erfüllen. Der Längerlebende von uns hat die Zeit der Erfüllung des Vermächtnisses so zu bestimmen, dass die Erfüllung innerhalb von 3 Jahren nach dem Tod des erstversterbenden Ehegatten erfolgt. Das Vermächtnis wird erst mit Ausübung der Wahlmöglichkeiten fällig.

Der Beschwerte kann bei Übertragung eines jeden Vermächtnisgegenstandes (Geldbetrag, Gegenstände, Grundstücke) Ausgleichszahlungen zugunsten der vorbezeichneten Abkömmlinge festlegen. Insoweit wird der jeweilige Empfänger mit einem bedingten Untervermächtnis zugunsten des durch die Ausgleichszahlung Begünstigten beschwert.

Dem Längerlebenden wird das Recht eingeräumt, sich einen Nießbrauch an einzelnen oder allen Vermächtnisgegenständen vorzubehalten, bei welchen ihm jedoch die Kostentragungslast trifft. Eine Absicherung im Grundbuch ist auf seine Kosten möglich. Der Längerlebende kann sich zudem einen bedingten Anspruch auf Rückübertragung vorbehalten für den Fall

- der Verfügung des Vermächtnisnehmers über den Vermächtnisgegenstand zu Lebzeiten des Längerlebenden von uns ohne dessen vorherige Zustimmung,
- dass der Wert oder Wertzuwachs des Vermächtnisgegenstands in die Durchführung eines Zugewinnausgleichs oder eines ähnlichen güterrechtlichen Ausgleichs einbezogen ist,
- des Vorversterbens eines Vermächtnisnehmers vor dem Tode des Längerlebenden von uns,
- der Zwangsvollstreckung in den Vermächtnisgegenstand, ohne dass die Maßnahme innerhalb von drei Monaten wieder aufgehoben worden ist,
- der Insolvenz des Vermächtnisnehmers oder der Ablehnung mangels Masse.

Den weiteren Inhalt dieses Anspruchs darf der Längerlebende von uns nach billigem Ermessen festlegen.

Jeder Vermächtnisnehmer hat alle Kosten, welche mit der Erfüllung des jeweiligen Vermächtnisses verbunden sind, zu tragen.

Im Wege des Untervermächtnisses wird jeder Vermächtnisnehmer verpflichtet, bis zur Fälligkeit seines Anspruchs weder eine Sicherung zu verlangen noch selbst durchzusetzen. Ferner wird derjenige unserer Abkömmlinge, der beim Nachlassgericht einen Antrag stellt, dem Längerlebenden von uns eine Frist zur Bestimmung des Begünstigten oder der Anteile der Begünstigten zu setzen, als Vermächtnisnehmer ausgeschlossen.

Beim Vorversterben eines Vermächtnisnehmers oder bei Ausscheiden aus einem anderen Grund, sind dessen Abkömmlinge nach Stämmen Ersatzvermächtnisnehmer. Das Vermächtnis entfällt, wenn keine Abkömmlinge vorhanden sind.

IV. Schlusserben

Erbe des Längerlebenden von uns werden unsere Kinder zu gleichen Teilen.

Für den Fall, dass eines unserer Kinder vor dem Längerlebenden verstirbt oder aus anderen Gründen als Erbe entfallen sollte, treten an seine Stelle zu gleichen Teilen seine Abkömmlinge nach Stämmen, hilfsweise die übrigen Geschwister.

V. Testamentsvollstreckung

Für unseren Nachlass ordnen wir die Testamentsvollstreckung an. Zum Testamentsvollstrecker werden Herr ***, ersatzweise Frau ***, beide geschäftsansässig *** Hamburg benannt. Die Tätigkeit des Testamentsvollstreckers ist diesem nach Zeitaufwand mit seinen üblichen Stundensätzen von mind. netto *** zu Lasten des Nachlasses zu vergüten. Der Testamentsvollstrecker ist berechtigt, diese Vergütung für sich selbst einzuziehen.

VI. Erbschaftsteuer

Eine etwaig anfallende Erbschaftsteuer hat jeder Begünstigte selbst zu tragen.

Ort, den 2023   Ort, den 2023

——————————————————   ——————————————————

Testierende/ Eheleute

Das gemeinschaftliche Testament kann von einem Ehepartner handschriftlich zu Papier gebracht werden. Der zweite Ehepartner hat das Testament dann mit Angabe von Ort und Datum mit zu unterzeichnen. Der Zusatz „dies soll auch mein letzter Wille sein" kann hinzugefügt werden. Notwendig ist dies aber nicht.

cc) *Variante 2*

Gemeinschaftliches Testament
der Eheleute ***

Vorbemerkung
Wir, die Eheleute ***, geb. am *** in *** und ***, geb. am ***in *** beide wohnhaft: ***, haben am *** vor dem Standesbeamten/in in *** die Ehe geschlossen und leben seither im gesetzlichen Güterstand der Zugewinngemeinschaft. Es ist für uns beide die *** Ehe. Aus der Ehe sind *** Kinder hervorgegangen, und zwar

1. Kind 1, geb. ***
                           wohnhaft:***
2. Kind 2, geb. am ***
                           wohnhaft: ***
3. Kind 3, geb. am ***
                           wohnhaft: ***

Wir widerrufen hiermit ausdrücklich und in vollem Umfang alle unsere bisherigen Verfügungen von Todes wegen und bestimmen nachfolgend unter Verzicht auf die Möglichkeit einer späteren Anfechtung unseren letzten Willen, wobei unsere in diesem Testament getroffenen Verfügungen für den ersten und den zweiten Todesfall voll umfänglich wechselbezüglich und bindend sein sollen. Uns ist bekannt, dass mit dem Ableben des ersten von uns der Überlebende an seine in diesem Testament getroffene letztwillige Verfügung unwiderruflich gebunden ist.

I. Rechtswahl
Wir wählen für die Zulässigkeit und materielle Wirksamkeit unserer Verfügungen von Todes wegen und die Rechtsnachfolge nach dem Tod eines jeden von uns das deutsche Recht. Der gesamte Nachlass jedes einzelnen von uns soll nach deutschem Recht vererbt werden. Diese Rechtswahl soll auch dann weiterhin Gültigkeit haben, wenn einer von uns seinen Wohnsitz oder letzten gewöhnlichen Aufenthalt im Ausland hat oder wir uns beide im Ausland aufhalten.

II. Erbeinsetzung
Wir setzen uns gegenseitig zu Alleinerben ein.
   Als Ersatzerben bestimmen wir unsere Abkömmlinge *** zu gleichen Teilen.

III. Vermächtnisse des Erstversterbenden

Nimmt der Längerlebende von uns die Erbschaft an und wird damit Alleinerbe, so erhalten unsere gemeinsamen Kinder, ersatzweise, die vor oder nach dem Ableben des Erstversterbenden von uns, geborenen oder gezeugten und geborenen Enkelkinder einschließlich adoptierter und nichtehelicher Abkömmlinge, vom erstversterbenden Ehegatten, ein Zweckvermächtnis gem. §§ 2151 ff., 2156 BGB in Form eines Sachvermächtnisses (Vermächtnis durch Sachzuwendungen).

Zweck des Vermächtnisses gemäß den §§ 2156, 2153, 2151 BGB ist es, allen oder einzelnen Vermächtnisnehmern

- eine Abfindung dafür zu gewähren, dass sie beim ersten Erbfall durch die Einsetzung des längerlebenden Elternteils enterbt bzw. beim ersten Erbfall lediglich Ersatzerben geworden sind, sowie
- eine möglichst optimale, wirtschaftlich sinnvolle und streitvermeidende Vermögensverteilung zu erreichen,
- dem Längerlebenden und den Abkömmlingen das Ausnutzen oder Überschreiten der erbschaftsteuerlichen Freibeträge des Vorverstorbenen zu ermöglichen,
- die Steuerprogression nach dem Längerlebenden abzumildern sowie
- die Interessen des Längerlebenden auf Sicherung seiner Altersversorgung zu berücksichtigen.

Der Längerlebende von uns hat ein umfassendes Bestimmungsrecht. Ist der Längerlebende nicht mehr in der Lage dieses auszuüben, weil dieser geschäftsunfähig oder vor Ausübung des Bestimmungsrechts verstorben ist, soll der von uns benannte Testamentsvollstrecker das Bestimmungsrecht ausüben.

(Alternativ: Ist der Längerlebende nicht mehr in der Lage dieses auszuüben, weil dieser geschäftsunfähig oder vor Ausübung des Bestimmungsrechts verstorben ist, entfällt das Vermächtnis)

Er ist berechtigt, die von ihm geschuldete Leistung nach billigem Ermessen zu bestimmen, er kann den Gegenstand, die Bedingungen und den Zeitpunkt der Leistungen festlegen (§ 2156 BGB) sowie bestimmen, wer aus dem Kreis der vorgenannten Vermächtnisnehmer etwas erhält (§ 2151 BGB), ob diese etwas erhalten und was sowie wann der jeweils Bedachte etwas erhält (§§ 2151, 2156 BGB). Er hat eine Ersetzungsbefugnis inne, wonach das Vermächtnis durch Sachleistung auch durch eine Geldzahlung erfüllt werden kann.

Das Vermächtnis fällt mit dem Tod des Erstversterbenden an. Der Zeitpunkt der Erfüllung ist jedoch gemäß § 2181 BGB in das freie Belieben des Beschwerten gestellt; er kann das Vermächtnis auch durch mehrere zeitlich auseinander-fallende Einzelleistungen erfüllen. Der Längerlebende von uns hat die Zeit der Erfüllung des Vermächtnisses so zu bestimmen, dass die Erfüllung inner-halb von 3 Jahren nach dem Tod des erstversterbenden Ehegatten erfolgt. Das Vermächtnis wird erst mit Ausübung der Wahlmöglichkeiten fällig.

Der Beschwerte kann bei Übertragung eines jeden Vermächtnisgegenstandes (Geldbetrag, Gegenstände, Grundstücke) Ausgleichszahlungen zugunsten der vorbezeichneten Abkömmlinge festlegen. Insoweit wird der jeweilige Empfänger mit einem bedingten Untervermächtnis zugunsten des durch die Ausgleichszahlung Begünstigten beschwert.

Dem Längerlebenden wird das Recht eingeräumt, sich einen Nießbrauch an einzelnen oder allen Vermächtnisgegenständen vorzubehalten, bei welchen ihm jedoch die Kostentragungslast trifft. Eine Absicherung im Grundbuch ist auf seine Kosten möglich. Der Längerlebende kann sich zudem einen beding-ten Anspruch auf Rückübertragung vorbehalten für den Fall

- der Verfügung des Vermächtnisnehmers über den Vermächtnisgegenstand zu Lebzeiten des Längerlebenden von uns ohne dessen vorherige Zustim-mung,
- dass der Wert oder Wertzuwachs des Vermächtnisgegenstands in die Durch-führung eines Zugewinnausgleichs oder eines ähnlichen güterrechtlichen Ausgleichs einbezogen ist,
- des Vorversterbens eines Vermächtnisnehmers vor dem Tode des Längerle-benden von uns,
- der Zwangsvollstreckung in den Vermächtnisgegenstand, ohne dass die Maßnahme innerhalb von drei Monaten wieder aufgehoben worden ist,
- der Insolvenz des Vermächtnisnehmers oder der Ablehnung mangels Masse.

Den weiteren Inhalt dieses Anspruchs darf der Längerlebende von uns nach billigem Ermessen festlegen.

Jeder Vermächtnisnehmer hat alle Kosten, welche mit der Erfüllung des jeweiligen Vermächtnisses verbunden sind, zu tragen.

Im Wege des Untervermächtnisses wird jeder Vermächtnisnehmer ver-pflichtet, bis zur Fälligkeit seines Anspruchs weder eine Sicherung zu verlangen noch selbst durchzusetzen. Ferner wird derjenige unserer Abkömmlinge, der beim Nachlassgericht einen Antrag stellt, dem Längerlebenden von uns eine Frist zur Bestimmung des Begünstigten oder der Anteile der Begünstigten zu setzen, als Vermächtnisnehmer ausgeschlossen.

Beim Vorversterben eines Vermächtnisnehmers oder bei Ausscheiden aus einem anderen Grund, sind dessen Abkömmlinge nach Stämmen

Ersatzvermächtnisnehmer. Das Vermächtnis entfällt, wenn keine Abkömmlinge vorhanden sind.

IV. Schlusserben
Erbe des Längerlebenden von uns werden unsere Kinder zu gleichen Teilen.
Für den Fall, dass eines unserer Kinder vor dem Längerlebenden verstirbt oder aus anderen Gründen als Erbe entfallen sollte, treten an seine Stelle zu gleichen Teilen seine Abkömmlinge nach Stämmen, hilfsweise die übrigen Geschwister.

V. Vermächtnisse des Längerlebenden
Die vor oder nach dem Ableben des Längerlebenden geborenen oder gezeugten und geborenen Enkelkinder einschließlich adoptierter und nichtehelicher Abkömmlinge, erhalten vom längerlebenden Ehegatten, ein Zweckvermächtnis gem. §§ 2151 ff., 2156 BGB in Form eines Sachvermächtnisses (Vermächtnis durch Sachzuwendungen).

Zweck des Vermächtnisses gemäß den §§ 2156, 2153, 2151 BGB ist es, allen oder einzelnen Vermächtnisnehmern

• eine möglichst optimale, wirtschaftlich sinnvolle und streitvermeidende Vermögensverteilung zu erreichen,
• die Ausnutzung oder das Überschreiten der erbschaftsteuerlichen Freibeträge des Längerlebenden im Verhältnis zu den Enkelkindern,
• die Steuerprogression abzumildern.

Die Erben haben ein umfassendes Bestimmungsrecht hinsichtlich ihres jeweiligen Anteils am Erbe des Längerlebenden. Ist einer der Erben nicht mehr in der Lage dieses auszuüben, weil dieser geschäftsunfähig oder vor Ausübung des Bestimmungsrechts verstorben ist, soll der von uns benannte Testamentsvollstrecker das Bestimmungsrecht ausüben.

Sie sind berechtigt, die von ihnen geschuldete Leistung nach billigem Ermessen zu bestimmen, sie können den Gegenstand, die Bedingungen und den Zeitpunkt der Leistungen festlegen (§ 2156 BGB) sowie bestimmen, wer aus dem Kreis der vorgenannten Vermächtnisnehmer etwas erhält (§ 2151 BGB), ob diese etwas erhalten und was sowie wann der jeweils Bedachte etwas erhält (§§ 2151, 2156 BGB). Sie haben eine Ersetzungsbefugnis inne, wonach das Vermächtnis durch Sachleistung auch durch eine Geldzahlung erfüllt werden kann.

Das Vermächtnis fällt mit dem Tod des Längerlebenden an. Der Zeitpunkt der Erfüllung ist jedoch gemäß § 2181 BGB in das freie Belieben der Beschwerten gestellt; sie können das Vermächtnis auch durch mehrere zeitlich auseinanderfallende Einzelleistungen erfüllen. Die Erben haben die Zeit der Erfüllung des Vermächtnisses so zu bestimmen, dass die Erfüllung innerhalb von 3 Jahren nach dem Tod des längerlebenden Ehegatten erfolgt. Das Vermächtnis wird erst mit Ausübung der Wahlmöglichkeiten fällig.

Jeder Vermächtnisnehmer hat alle Kosten, welche mit der Erfüllung des jeweiligen Vermächtnisses verbunden sind, zu tragen.

Im Wege des Untervermächtnisses wird jeder Vermächtnisnehmer verpflichtet, bis zur Fälligkeit seines Anspruchs weder eine Sicherung zu verlangen noch selbst durchzusetzen. Ferner wird derjenige unserer Enkelkinder, der beim Nachlassgericht einen Antrag stellt, den Erben eine Frist zur Bestimmung des Begünstigten oder der Anteile der Begünstigten zu setzen, als Vermächtnisnehmer ausgeschlossen.

Alle Enkelkinder sollen untereinander wertmäßig vergleichbare Vermächtnisgegenstände erhalten. Die Erben sollen einzeln entscheiden, ob die jeweiligen Abkömmlinge von Ihnen, ihre Vermächtnisse direkt erhalten oder diese erst mit der Volljährigkeit zur freien Verfügung stehen und bis dahin durch einen Elternteil treuhänderisch verwaltet werden sollen.

VI. Testamentsvollstreckung

Für unseren Nachlass ordnen wir die Testamentsvollstreckung an. Zum Testamentsvollstrecker werden Herr ***, ersatzweise Frau ***, beide geschäftsansässig *** Hamburg benannt. Die Tätigkeit des Testamentsvollstreckers ist diesem nach Zeitaufwand mit seinen üblichen Stundensätzen von mind. netto *** zu Lasten des Nachlasses zu vergüten. Der Testamentsvollstrecker ist berechtigt, diese Vergütung für sich selbst einzuziehen.

VII. Erbschaftsteuer

Eine etwaig anfallende Erbschaftsteuer hat jeder Begünstigte selbst zu tragen.

Ort, den 2023   Ort, den 2023

———————————————————   ———————————————————

Testierende/ Eheleute

Das gemeinschaftliche Testament kann von einem Ehepartner handschriftlich zu Papier gebracht werden. Der zweite Ehepartner hat das Testament dann mit Angabe von Ort und Datum mit zu unterzeichnen. Der Zusatz „dies soll auch mein letzter Wille sein" kann hinzugefügt werden. Notwendig ist dies aber nicht.

dd) *Erläuterungen*

(1) Grundmuster

Das Grundmuster des Formulierungsvorschlages stellt sich im Gewand eines gemeinschaftlichen Ehegattentestaments dar.

Dieses beinhaltet ein Vermächtnis des Erstversterbenden zugunsten der Abkömmlinge. Der Kreis der ersatzweise Bedachten ist weit gefasst und schließt Enkelkinder, adoptierte Abkömmlinge sowie später geborene, geborene oder gezeugte und geborene Enkelkinder ein, um möglichst effektiv das Vermögen in der Familie zu verteilen und die Erbschaftsteuerfreibeträge ausnutzen zu können.

Ferner wird das Zweckvermächtnis in Form eines Sachvermächtnisses mit späterer Ersetzungsbefugnis gestaltet, um einer etwaigen „Abzins-Problematik" (§ 12 Abs. 3 BewG) vorsorglich entgegenzuwirken. Ergänzend hierzu wird mit der Gestaltung, dass frühestens mit Ausübung des Wahlrechts die Fälligkeit des Vermächtnisses eintritt, die Anwendbarkeit des § 12 Abs. 3 BewG vermieden.

Als Zwecke des Vermächtnisses werden sowohl die Abfindung, eine sinnvolle und wirtschaftlich optimale Vermögensverteilung, die Ausnutzung der Erbschaftsteuerfreibeträge, die Abmilderung der Steuerprogression sowie die Sicherung der Altersversorgung des Längerlebenden festgelegt. Anknüpfend an die Ausnutzung der Erbschaftsteuerfreibeträge wird insbesondere auch das Überschreiten als Zweck genannt, weil dieses bei sehr großem Vermögen aus wirtschaftlichen Gründen zielführend sein kann.

Der Längerlebende erhält ein umfassendes Bestimmungsrecht. Vorsorglich wird eine Regelung für den Fall getroffen, dass der Bestimmungsberechtigte geschäftsunfähig oder vor Ausübung seines Bestimmungsrechts verstorben ist. Hier werden zwei Regelungsmöglichkeiten vorgeschlagen, zum einen die Benennung eines Ersatzbestimmungsberechtigten, beispielsweise des Testamentsvollstreckers, alternativ, sollte es den Testierenden außerordentlich wichtig sein, dass nur eine Person, und zwar in diesem konkreten Fall der Längerlebende, ein umfassendes Bestimmungsrecht innehaben soll, so wäre die Möglichkeit, dass das Vermächtnis entfällt, zu wählen.

Des Weiteren hat der Bestimmungsberechtigte eine Ersetzungsbefugnis, die Sachleistung durch eine Geldzahlung zu ersetzen.

Anfall des Vermächtnisses ist der Tod des Erstversterbenden. Die Erfüllung ist in das freie Belieben des Beschwerten gestellt, hat jedoch spätestens drei Jahre nach dem Tod des Erstversterbenden zu erfolgen. Die Fälligkeit knüpft an die Ausübung der Wahlmöglichkeiten an. Die Frist ist auf drei Jahre festgelegt, da sie zum einen dem Längerlebenden genügend Zeit einräumt, seine Entscheidungen ohne Druck zu treffen, und gleichermaßen für die Abkömmlinge einen ausreichenden Anreiz schafft, ihre Pflichtteile nicht geltend zu machen. Entscheidendes Argument für eine konkrete Frist, welche nicht zu lang bemessen ist, ist außerdem die Absicherung der Steuervorteile. Eine steuerliche Entlastung würde nicht eintreten, wenn das Vermächtnis erst beim Ableben des Längerlebenden fällig werden würde. Gemäß § 6 Abs. 4 ErbStG ist das Nachvermächtnis und das beim Tod des Beschwerten fällige Vermächtnis den Nacherbschaften in Hinsicht auf die Besteuerung gleichgestellt.

Die Gestaltung sieht ebenfalls bei Übertragung eines jeden Vermächtnisgegenstandes die Möglichkeit der Festlegung von Ausgleichszahlungen vor. Eine Begrenzung nur auf Grundstücke würde den Längerlebenden unnötig in seinem Handlungsspielraum begrenzen.

Zur Absicherung des Längerlebenden kann dieser sich Nießbrauchs- und Rückübertragungsrechte vorbehalten. Im Besonderen geht es bei diesen Rückübertragungsrechten auch um den Schutz des Vermögens innerhalb der Familie vor Inanspruchnahme bei Durchführung eines Zugewinnausgleichs, bei Zwangsvollstreckungsmaßnahmen sowie bei einer Insolvenz eines Vermächtnisnehmers.

Zur Vermeidung einer gerichtlichen Auseinandersetzung über die Sicherung des Vermächtnisanspruchs, die Bestimmung des Begünstigten oder dessen Anteilen, wird durch ein Untervermächtnis festgelegt, dass die Vermächtnisnehmer, welche eine Sicherung verlangen, als Vermächtnisnehmer ausgeschlossen sind. Rein vorsorglich kann diese Gestaltung Vermächtnisnehmer abschrecken, den Längerlebenden unter Druck zu setzen, wenngleich eine gerichtliche Durchsetzung der Sicherung dieses Anspruchs eher schwierig sein dürfte.

Letztlich wird eine Testamentsvollstreckung angeordnet, welche in die Hände einer Vertrauensperson zur Überwachung der testamentarischen Anordnungen gegeben wird.

(2) Variante 1
Die Variante 1 des Formulierungsvorschlags enthält ein sofort fälliges Vermächtnis an die gemeinsamen Kinder der testierenden Eheleute, ersatzweise an die Enkelkinder. Das Vermächtnis ist beschränkt auf die Auskehrung eines Geldbetrages, eines Depotanteils, Immobilien oder eine Gesellschaftsbeteiligung in Höhe des jeweiligen ungenutzten Erbschaftsteuerfreibetrages. Der

Längerlebende kann nach billigem Ermessen entscheiden, welche Vermögenswerte als Vermächtnis übertragen werden sollen. Durch diese Gestaltung ist die Geltendmachung von Pflichtteilen durch die Abkömmlinge äußerst unwahrscheinlich. Zudem bietet sich diese Gestaltung bei großem Vermögen ebenfalls an, um möglichst steuersparend Vermögenswerte in die nächsten Generationen zu übertragen. Jedoch wird hierdurch die Flexibilität und die Gestaltungsfreiheit des Längerlebenden eingeschränkt. Zur Absicherung des Längerlebenden vor einer finanziellen Überforderung wird ein prozentualer Anteil des Reinnachlasses festgelegt, welcher wertmäßig durch das Vermächtnis nicht überschritten werden darf.[198]

Daran schließt sich die – aus dem Grundmuster bekannte – Gestaltung des Supervermächtnisses an, um ungenutzte Anteile der Erbschaftsteuerfreibeträge auszunutzen oder gegebenenfalls auch zu überschreiten, um Nachteile durch die Steuerprogression (§ 19 ErbStG) abzumildern.

(3) Variante 2
Dieser Formulierungsvorschlag beinhaltet das Grundmuster sowie ein weiteres Supervermächtnis des Längerlebenden zugunsten der Enkelkinder. Diese Gestaltung empfiehlt sich bei Personen mit erheblichen Vermögenswerten, da durch die Doppelung der Supervermächtnisgestaltung Vermögenswerte direkt in mehrere Generationen steueroptimiert übertragen werden können.

Im Einzelnen wird / werden hierbei der Schlusserbe bzw. die Schlusserben – also die Kinder – mit einem Supervermächtnis belastet. Der Längerlebende wendet den Enkelkindern ein Zweckvermächtnis zu. In diesem Falle haben die Erben, also die Kinder des Erblassers, ein umfassendes Bestimmungsrecht, jedoch mit der Maßgabe, dass sie hinsichtlich ihres jeweiligen Anteils am Erbe des Längerlebenden Bestimmungen treffen können, jedoch nicht zu Lasten der Erbteile anderer Abkömmlinge. Dieses soll eine Benachteiligung eines kinderlosen Abkömmlings verhindern und eine gerechte Vermögensverteilung der jeweiligen Stämme sichern. Hierbei steht die Gleichberechtigung der Stämme im Vordergrund. Jeder Abkömmling kann für seine Nachkommen (Enkelkinder des Längerlebenden) sein umfassendes Bestimmungsrecht hinsichtlich eines Vermächtnisses ausüben. Dieses geht aber nicht zu Lasten des Erbteils eines kinderlosen Abkömmlings.

Bei der Doppelung der Supervermächtnisgestaltung stellt sich eine vergleichbare Interessenslage wie beim ersten Erbfall dar. Die Begünstigung der Enkelkinder durch die Vermächtnisse führt zu denselben Effekten sowohl in

---

198 Vgl. hierzu auch *Beckervordersandfort / Bock* ZErb 2020, 117, 120.

Hinblick auf die erbschaftsteuerlichen Freibeträge (§ 16 Abs. 1 Nr. 3 ErbStG
€ 200.000), die Progression der Steuersätze als auch im Hinblick auf eine
sinnvolle Vermögensallokation innerhalb der Familie. Ein Supervermächtnis
zugunsten der Enkelkinder (der Schlusserben) ist daher außerordentlich
sinnvoll.[199]

II. Unternehmensnachfolge

1. Überblick

Bei dem Thema der Unternehmensnachfolge ist zwischen Personen- und Kapitalgesellschaften zu unterscheiden.

Die Gesellschaft bürgerlichen Rechts wird mit dem Ableben eines
Gesellschafters kraft Gesetzes aufgelöst, vgl. § 727 BGB. Bei anderen
Personengesellschaften, wie beispielsweise der offenen Handelsgesellschaft,
der Kommanditgesellschaft sowie der GmbH & Co. KG gilt das
Anwachsungsprinzip. Ipso iure wird beim Ableben eines Gesellschafters diese
mit den übrigen Gesellschaftern fortgesetzt und der Gesellschaftsanteil wächst
den übrigen Gesellschaftern an, vgl. § 131 Abs. 3 S. 1 Nr. 1 HGB.

Bei den Kapitalgesellschaften, beispielshalber der GmbH, ist ein Geschäftsanteil
an dieser vererblich und im Gegensatz zu den Personengesellschaften fällt der
Gesellschaftsanteil eines Gesellschafters bei dessen Tod den Erben zu, vgl.
§ 15 Abs. 1 GmbHG.

In den jeweiligen Gesellschaftsverträgen bzw. den Satzungen können vom
Gesetz abweichende Regelungen getroffen werden.

Die Rechtsfolgen, die beim Ableben eines Unternehmers kraft Gesetzes
eintreten, sind oft nicht die von den Unternehmern gewünschten Folgen. Die
Anpassung der Gesellschaftsverträge bzw. der Satzungen stellt eine Möglichkeit
dar, wirksam von den gesetzlichen Bestimmungen abzuweichen. Es empfiehlt
sich jedoch, zusätzlich eine entsprechende letztwillige Verfügung zu verfassen, um eine umfassende Regelung zu erreichen, welche im Einklang mit den
Gesellschaftsverträgen bzw. den Satzungen steht.

Das Supervermächtnis kann auch im Rahmen der Unternehmensnachfolge
eine optimale Möglichkeit einer testamentarischen Gestaltung darstellen.

---

199 Vgl. hierzu auch *Streppel* DNotZ 2021, 259, 274.

2. Frühzeitiges Unternehmertestament

Das Thema der Unternehmensnachfolge gewinnt auch aufgrund des demographischen Wandels an Bedeutung. Heranwachsende Unternehmergenerationen bekommen im Durchschnitt später Kinder als frühere Generationen und die Ausbildungszeiten der Kinder verlängern sich bis zum Einstieg in das Unternehmen. Demzufolge ist ein sogenanntes frühzeitiges Unternehmertestament häufiger notwendig. Zur Erhaltung von Familienunternehmungen für die nächsten Generationen und für den Fall eines vorzeitigen Versterbens des Unternehmers wird eine testamentarische Regelung notwendig.[200]

Ein Bestimmungsvermächtnis (§ 2151 BGB) kann hierbei geeignet sein, wenn dem Erblasser eine konkrete Bestimmung des Unternehmensnachfolgers zum Zeitpunkt der Erstellung des Testamentes noch nicht möglich ist. Ihm ist die Möglichkeit eröffnet, die Entscheidung in die Hände einer dritten Person zu legen.[201]

> „Meine Ehefrau setze ich zu meiner Alleinerbin ein. Meinen Gewerbebetrieb unter der Firma ...... mit allen Aktiven und Passiven und dem Betriebsvermögen, wie es sich aus der letzten Jahresbilanz vor meinem Tode ergibt, wende ich meinen drei Kindern A, B und C als Vermächtnis mit der Maßgabe zu, dass meine Ehefrau berechtigt ist zu bestimmen, wer von diesen das Unternehmen zu Alleineigentum erhalten soll (§ 2151 BGB). Die Bestimmungserklärung hat spätestens am ...... zu erfolgen. Die Bestimmungsentscheidung unterliegt keinerlei gerichtlicher Nachprüfung.“[202]

Fraglich ist, warum in diesem Formulierungsvorschlag alle Aktiva und Passiva und das Betriebsvermögen genannt sind. Die Aktiva und Passiva stellen das Betriebsvermögen dar, sodass die Verbindung mit „und" inhaltlich nicht passend ist. Ferner ist der Bezug auf den letzten Bilanzstichtag kritisch zu würdigen, da der Tag des Ableben des Unternehmers maßgeblich ist. Folglich könnte der Bezug auf die letzte Jahresbilanz herausgenommen werden. Außerdem wäre eine Formulierung hinsichtlich der Kinder besser, welche deutlich macht, dass einer der drei Kinder Unternehmensnachfolger werden soll („wende ich **einem meiner** drei Kinder...").

Empfehlenswert erscheint ergänzend für die Abkömmlinge, welche letztlich das Vermächtnis nicht erhalten, einen Ausgleich zu schaffen. Eine solche Regelung könnte Streitigkeiten über die Geltendmachung von Pflichtteilen

---

200 *Kollmeyer* NJW 2017, 3271, 3271.
201 *Mayer* MittBay 1999, 447, 551; Damrau / Tanck / *Linnartz* § 2151 Rn. 1.
202 *Mayer* MittBay 1999, 447, 551.

vermeiden.[203] Überwiegend besteht zwar eine gewisse Akzeptanz dafür, dass der Unternehmensnachfolger wertmäßig gegenüber den weiteren Abkömmlingen bessergestellt wird, da dieser ein risikobehaftetes und weniger leicht zu erhaltenes Vermögen bekommt. Im Hinblick auf den Familienfrieden und im Sinne der Unternehmensfortführung ist eine ausreichende Abfindungszahlung an die weiteren Abkömmlinge ratsam.[204]

3. Unternehmertestament mit Supervermächtnis

a) Vorteile des Supervermächtnisses im Rahmen des Unternehmertestamentes

Es lässt sich ins Feld führen, dass durch eine testamentarische Gestaltung mit Supervermächtnis, im Gegensatz zum reinen Bestimmungsvermächtnis, zusätzlich die Möglichkeit eröffnet wird, eine ausgewogene familiäre Vermögensverteilung bei gleichzeitiger Beachtung der zur Unternehmensfortführung erforderlichen Liquidität zu erreichen.[205]

Die Gestaltung durch Kombination mehrerer Vermächtnisse ist hinsichtlich der Bestimmung des Unternehmensnachfolgers, der Organisation der Ehegatten- und Geschwisterabfindung sowie der Steueroptimierung sinnvoll.

Im Hinblick auch auf mögliche Reformen des Unternehmenserbschaftsteuerrechts stellt die Gestaltungsmöglichkeit des Supervermächtnisses einen potentiellen Weg dar, Unternehmensnachfolgern den Erwerb von verfügbarem Vermögen zu ermöglichen und ebenfalls einen Erwerb nach § 28a Abs. 4 Nr. 3 ErbStG zu vermeiden.[206]

Verfügbares Vermögen im Sinne des § 28a ErbstG ist insbesondere das nicht nach § 13b Abs. 1 ErbstG begünstigungsfähige Vermögen, exemplarisch seien hier Grundstücke sowie Anteile an Kapitalgesellschaft bis zu 25 % Beteiligungshöhe zu nennen. Darüber hinaus zählen zum verfügbaren Vermögen der steuerpflichtige Wert des Verwaltungsvermögens sowie das nicht der Besteuerung des ErbstG unterliegende Vermögen.[207]

Erwerbe nach § 28a Abs. 4 Nr. 3 ErbStG sind Nacherwerbe innerhalb von zehn Jahren. Erhält der Betroffene im Zeitraum von zehn Jahren nach dem

---

203   Zu der Pflichtteilsproblematik *Hölscher* ZEV 2015, 676, 676 f.
204   *Kollmeyer* NJW 2017, 3271, 3271.
205   *Kollmeyer* NJW 2017, 3271, 3271.
206   *Reich* DStR 2016, 2447, 2451.
207   BeckOK ErbStG / *Hamacher* / *Liebernickel* § 28a Rn. 25.

Zeitpunkt der Besteuerung durch Schenkung oder von Todes wegen weiteres Vermögen, welches verfügbares Vermögen darstellt, ist der Verwaltungsakt über den Erlass der Steuer, welcher unter dem Vorbehalt des Widerrufs steht, mit Wirkung für die Vergangenheit zu widerrufen. Damit würde die zunächst erloschene Steuer vollständig wieder aufleben.[208]

b) Formulierungsvorschlag Kollmeyer

Kollmeyer hat zu dem Unternehmertestament mit Supervermächtnis folgenden gelungenen Formulierungsvorschlag unterbreitet:

„Für sämtliche nachfolgenden Zweckvermächtnisse unter den Nummern (…) gilt gleichermaßen Folgendes:

Meiner Ehefrau (…), ersatzweise (…), steht zur Vereinbarung der jeweils bezeichneten Zwecke mit einer ausgewogenen familiären Vermögensverteilung ein umfassendes Bestimmungsrecht zu. Sie kann bestimmen

- den Gegenstand und die Bedingungen der geschuldeten Leistung, § 2156 BGB, dies im Rahmen von §§ 2156 S. 2, 315 BGB,
- die Zeit der Erfüllung, § 2181 BGB,
- wer aus dem Kreis der unten Genannten das Vermächtnis erhalten soll, § 2151 BGB, sowie
- deren Anteile an dem Vermächtnis, § 2153 BGB.

Meine Ehefrau hat den oder die Vermächtnisnehmer, deren Anteile am Vermächtnis, den Gegenstand und die Zeit der Erfüllung jedoch spätestens mit Vollendung des (…) Lebensjahres meines jüngsten Kindes zu bestimmen. Etwaige zwischen dem Erbfall und der Vermächtniserfüllung gezogenen Früchte, Nutzungen und Vorteile sind nicht an den / die Vermächtnisnehmer herauszugeben.

Das Vermächtnis entfällt für den jeweiligen Vermächtnisnehmer einschließlich seiner Abkömmlinge ersatzlos, wenn er seinen Pflichtteils-, Pflichtteilsrest- oder Pflichtteilsergänzungsanspruch gegen den Willen meiner Ehefrau geltend macht und erhält. Soweit die Vermächtnisnehmer selbst Erben werden sollten, handelt es sich um Vorausvermächtnisse nach § 2150 BGB ohne Wertausgleichsverpflichtung gegenüber den Miterben.

Meine Kinder, namentlich

(…), geboren am (…),

(…), geboren am (…), und

(…), geboren am (…),

---

208 BeckOK ErbstG / *Hamacher* / *Liebernickel* § 28a Rn. 42.

ersatzweise jeweils deren Abkömmlinge einschließlich adoptierter Kinder erhalten von
mir ein Zweckvermächtnis gem. §§ 2151 ff., 2156 BGB.

Zweck des Vermächtnisses im Sinne von § 2156 BGB ist es, den Fortbestand
meines derzeit in … Generation unter der Firma (…) mit Sitz in (…) betriebenen
Einzelunternehmens, eingetragen beim Amtsgericht (…) unter HRA (…), im Interesse
der leitenden Mitarbeiter und der Angestellten zu sichern und den zur Fortführung
des Unternehmens geeigneten Nachfolger innerhalb meiner Abkömmlinge zu
bestimmen.

Gegenstand des Zweckvermächtnisses kann insbesondere das unter der Firma (…)
betriebene Einzelunternehmen mit sämtlichen Aktiva und Passiva sowie etwaiges
Sonderbetriebsvermögen sein.

Soweit meine Ehefrau nichts Abweichendes bestimmt, gelten für die
Vermächtniserfüllung die §§ (…) des Vertrags über die Übergabe eines
Einzelunternehmens vom (…) entsprechend.

Oder:

Soweit meine Ehefrau nichts Abweichendes bestimmt, sind zur Vermächtniserfül-
lung die als Anlage zum Testament beigefügten Bestimmungen des Vertrags über die
Übergabe eines Einzelunternehmens – erforderlichenfalls in notariell beurkundeter
Form – zu vereinbaren.

Meine Kinder, namentlich

(…), geboren am (…),

(…), geboren am (…) und

(…), geboren am (…),

ersatzweise jeweils deren Abkömmlinge einschließlich adoptierter Kinder erhalten
von mir ein weiteres Zweckvermächtnis gem. §§ 2151 ff., 2156 BGB.

Zweck des Vermächtnisses ist es, den Kindern, die im Fall der Erfüllung des
Vermächtnisses nach vorstehender Nummer (…) nicht an meinem Unternehmen
beteiligt werden, zu ihrer Versorgung und Abfindung einen Ausgleich zu gewähren,
soweit dies aus dem vorhandenen Privatvermögen und unter Berücksichtigung des
eigenen Versorgungsinteresses meiner Ehefrau möglich ist.

Gegenstand des Vermächtnisses kann mein gesamtes privates Vermögen, insbesondere Bar-, Bank-, Spar- und Wertpapierguthaben oder Grundbesitz und
Wohnungseigentum sein.

Weiterhin kann meine Ehefrau dann, wenn sie Grundbesitz oder
Wohnungseigentum zum Gegenstand des Vermächtnisses macht,

- mit Untervermächtnissen Ausgleichszahlungen anordnen,
- sich den Nießbrauch am Vermächtnisgegenstand mit einem von ihr zu bestimmenden Inhalt vorbehalten,
- sich Rückforderungsrechte für Fälle der Verfügung oder Belastung durch den Vermächtnisnehmer ohne vorherige Zustimmung meiner Ehefrau, des Vorversterbens

des Vermächtnisnehmers oder der Insolvenz des Vermächtnisnehmers oder Ablehnung mangels Masse vorbehalten sowie
- die grundbuchmäßigen Sicherheiten hierfür bestellen.

Meine Kinder, namentlich

(...), geboren am (...),

(...), geboren am (...), und

(...), geboren am (...),

ersatzweise jeweils deren Abkömmlinge einschließlich adoptierter Kinder erhalten von mir als Untervermächtnis (§ 2186 BGB) zulasten der Vermächtnisnehmer unter vorstehender Nummer (...) (Verweis auf das Bestimmungsvermächtnis zur Unternehmensnachfolge) ein Unterzweckvermächtnis gem. §§ 2151 ff., 2156 BGB.

Zweck des Untervermächtnisses ist es, den Kindern, die im Falle der Erfüllung des Vermächtnisses nach Nummer (...) nicht an meinem Unternehmen beteiligt werden, zu ihrer Versorgung und Abfindung einen Ausgleich zu gewähren, soweit das vorhandene Privatvermögen zur Abfindung und Versorgung im Rahmen des Vermächtnisses unter vorstehender Nummer (...) (Verweis auf das erste Zweckvermächtnis zur Geschwisterabfindung) nicht ausreicht und die Fortführung meines Unternehmens durch die Vermächtniserfüllung nicht gefährdet wird.

Gegenstände des Vermächtnisses können insbesondere sein

- stille Beteiligung,
- Nutzungsrechte oder
- Rentenbezugsrechte,

zulasten der Vermächtnisgegenstände unter vorstehender Nummer (...)."[209]

c) Bewertung

Im ersten Teil des Formulierungsvorschlags wird dem Ehepartner ein umfassendes Bestimmungsrecht bezüglich des Gegenstandes, der Zeit der Erfüllung, der Personen sowie deren Anteil an den jeweiligen Vermächtnissen, eingeräumt.

Durch den Einschub „Meiner Ehefrau (...), **ersatzweise** (...)", wird angedeutet, dass, sollte die Ehefrau nicht in der Lage sein, die Bestimmung zu treffen, eine weitere Person benannt werden kann. Gegebenenfalls wäre eine Ergänzung dahingehend, dass bei Geschäftsunfähigkeit oder Tod eine zuvor benannte Ersatzperson das Bestimmungsrecht ausüben soll, präziser. Anderenfalls könnte streitig werden, in welche Falle die benannte Ersatzperson handeln darf.

---

209 *Kollmeyer* NJW 2017, 3271, 3272 f.

Positiv zu bewerten ist, dass bei dem Bestimmungsrecht hinsichtlich der Zeit der Erfüllung eine Höchstgrenze, und zwar mit Vollendung – eines noch zu bestimmenden – Lebensjahres eines der Kinder festgelegt wurde. Dieses ist empfehlenswert, da anderenfalls die steuerlichen Vorteile gefährdet werden könnten, wenn der Zeitpunkt ohne Begrenzung in das freie Belieben der Bestimmungsberechtigten gestellt werden würde.

Die Regelung einer Pflichtteilsstrafklausel dahingehend, dass das Vermächtnis für den Vermächtnisnehmer, welcher seinen Pflichtteil geltend macht, entfällt, hat seine Berechtigung im Hinblick auf den Schutz der Weiterführung des Unternehmens sowie dessen Liquidität. Die Geltendmachung von einem oder mehreren Pflichtteilen der Abkömmlinge, welche nicht Unternehmensnachfolger werden, kann im schlimmsten Falle die Existenz des Unternehmens kosten. Zu berücksichtigen ist jedoch, dass die Pflichtteilsstrafklausel nur vollends durchgreifen wird, wenn das Vermächtnis höher als der gesetzliche Pflichtteil ist. Denn nur so kann der Verlust des Vermächtnisses eine potentiell abschreckende Wirkung entfalten.

Im weiteren Verlauf des Formulierungsvorschlags werden verschiedene Zweckvermächtnisse zugunsten der Abkömmlinge, ersatzweise deren Abkömmlingen präsentiert.

Zum einen wird ein solches hinsichtlich der Unternehmensnachfolge, welches den zentralen Punkt eines frühzeitigen Unternehmertestamentes darstellt, festgelegt. Sieht sich der testierende Unternehmer zu Lebzeiten noch nicht in der Lage, die exakte Bestimmung einer einzelnen Person als Unternehmensnachfolger selbst festzulegen, eröffnet ihm die Gestaltung in Form der Kombination eines umfassenden Bestimmungs- und Zweckvermächtnisses hinsichtlich der Unternehmensnachfolge die Möglichkeit, dass eine andere Person den geeigneten Unternehmensnachfolger nach den vorgegebenen Kriterien bestimmen kann.

Zunächst wird ein abgrenzbarer Personenkreis, hier die Abkömmlinge, als potentielle Vermächtnisnehmer bezeichnet. Daran schließt sich die Zweckbestimmung an, bei welcher der Fortbestand des Unternehmens und dessen Fortführung mit dem geeigneten Nachfolger im Fokus steht. Hierbei ist eine möglichst genaue Bestimmung des Unternehmens mit Angabe der Handelsregisternummer, dem Sitz und der Firmierung wichtig.

In der Praxis zeigt sich häufig, dass bereits zu Lebzeiten vertragliche Vereinbarungen über den Fortgang des Unternehmens geschlossen werden. Diese beinhalten häufig Regelungen zum Vertragsgegenstand, zu Unternehmen gehörenden Betriebsgrundstücken, zu beweglichen Gegenständen, Forderungen und Ähnliches. Vorteilhaft herauszustellen ist, dass in dem Formulierungsvorschlag entsprechende testamentarische Regelungen zur Berücksichtigung dieser Vorgaben vorgesehen sind. Das umfassende Bestimmungsrecht des Ehegatten beinhaltet auch die Möglichkeit, sollte die vertragliche lebzeitige Vereinbarung noch adäquat und eine andere Bestimmung durch die Bestimmungsberechtigte nicht notwendig erscheinen, die vertraglichen Regelungen des früheren Vertrages für die Vermächtniserfüllung zwischen der Bestimmungsberechtigten und dem Unternehmensnachfolger zu vereinbaren. Alternativ wird die Möglichkeit eröffnet, einen aktuellen Übergabevertrag durch den Testierenden zu gestalten und diesen als Anlage zum Testament beizufügen.[210]

Ferner wird ein Zweckvermächtnis zugunsten der Kinder und ersatzweise deren Abkömmlingen geregelt, welches beinhaltet, dass die Kinder, welche nicht an dem Unternehmen beteiligt sind, eine entsprechende Abfindung als Ausgleich erhalten. Die Abfindung soll aus vorhandenem Privatvermögen erfolgen, jedoch auch die finanziellen Interessen des Ehepartners berücksichtigen. Eine solche Regelung ist im Hinblick auf den Familienfrieden, die gerechte und ausgleichende Vermögensverteilung innerhalb der Familie sowie letztlich auch für die Fortführung und wirtschaftliche Stabilität des Unternehmens von entscheidender Bedeutung.

Positiv herauszustellen ist ebenfalls, dass abschließend ein Unterzweckvermächtnis zugunsten der Kinder und ersatzweise deren Abkömmlingen, welche nicht am Unternehmen beteiligt sind, festgelegt wird. Sollte das Privatvermögen zur Abfindung nicht ausreichen, wird die Möglichkeit eröffnet, den vorgenannten Personen stille Beteiligungen, Nutzungsrechte oder Rentenbezugsrechte zulasten der Vermächtnisgegenstände der vorherigen Vermächtnisse einzuräumen. Anzumerken ist, dass mit diesem Untervermächtnis nicht der Erbe, also der Ehegatte, sondern der als Unternehmensnachfolger benannte, also der Hauptvermächtnisnehmer, die Vermächtnislast zu tragen hat, vgl. §§ 2186 ff. BGB.

d) Universalvermächtnis

Insbesondere im Rahmen des Unternehmertestaments stellt sich die Frage, ob die Gestaltung eines solchen Testaments mit Supervermächtnis in Ausprägung eines Universalvermächtnisses wirksam ist.

Es kann vorkommen, dass das Unternehmen eines Testierenden den nahezu ganzen Nachlass ausmacht. Fraglich ist, ob bei einem solchen

---

210 *Kollmeyer* NJW 2017, 3271, 3273.

Universalvermächtnis ein Bestimmungsberechtigter gemäß § 2151 BGB eingesetzt werden kann, welcher die Auswahl des Bedachten trifft. Dagegen spricht, dass eine letztwillige Verfügung, mit dem der Testierende seinen Nachlass im Ganzen oder nahezu im Ganzen zuwendet, als Erbeinsetzung anzusehen sein könnte und bei dieser gemäß § 2065 BGB eine Drittbestimmung untersagt ist. Dagegen lässt sich jedoch ins Feld führen, dass § 2087 Abs. 1 und Abs. 2 nicht zwingend sind und eine entsprechende testamentarische Regelung keine unzulässige Gesetzesumgehung sein könne. Liegt eine ausdrückliche Vermächtnisanordnung und die Bezeichnung als „Vermächtnis" vor, tritt der Wille des Testierenden sich dem Vermächtnisrecht zu unterwerfen, deutlich zutage; diesem ist damit der Vorrang zu gewähren, vgl. §§ 133, 2084 BGB[211]. Die herrschende Meinung gestattet folglich die Drittbestimmung auch beim Universalvermächtnis.[212]

Dementsprechend bestehen keine Bedenken hinsichtlich der Wirksamkeit eines Unternehmertestaments mit Supervermächtnis in Ausprägung eines Universalvermächtnisses.

e) Ergebnis

Der Vorschlag von Kollmeyer zeigt, dass das Supervermächtnis nicht nur in Form des Ehegattentestaments eine große Rolle spielt, sondern zukünftig auch im Bereich der Unternehmensnachfolge dienlich sein kann.

III. Einzeltestament

Das Supervermächtnis kann bei Einzeltestamenten gleichermaßen seine positiven Effekte entfalten und stellt daher eine empfehlenswerte Gestaltung letztwilliger Verfügungen für Einzelpersonen mit Kindern und Enkelkindern dar, um die Erbschaftsteuerfreibeträge optimal auszuschöpfen und zu vermeiden, dass sich das Vermögen zunächst insgesamt bei den Kindern sammelt und erst im nächsten Erbfall an die Enkelkinder weitergegeben wird und das im Zweifel mit erheblichen wirtschaftlichen Nachteilen.

Eigener Formulierungsvorschlag:

---

211 MüKoBGB / *Rudy* § 2087 Rn. 1.
212 Herrler / *Otto* XII Testament, Form. 5., Anm. 11; Staudinger / *Otte* (2013) § 2151 Rn. 2; MüKoBGB / *Rudy* § 2151 Rn. 8

Testament

Vorbemerkung

Ich, ***, geb. am *** wohnhaft ***, habe 3 Kinder:

1. Kind 1, geb. ***

   wohnhaft:***

2. Kind 2, geb. am ***

   wohnhaft: ***

3. Kind 3, geb. am ***

   wohnhaft: ***

und bin ledig / getrennt lebend / geschieden.

Ich erkläre, dass ich nicht durch ein bindend gewordenes Testament oder einen Erbvertrag an der Errichtung dieses Testaments gehindert bin. Ich widerrufe hiermit ausdrücklich und in vollem Umfang alle meine bisherigen Verfügungen von Todes wegen. Für meinen letzten Willen soll ausschließlich das nachstehend Verfügte von Bedeutung sein.

I. Rechtswahl

Ich wähle für die Zulässigkeit und materielle Wirksamkeit meiner Verfügung von Todes wegen und die Rechtsnachfolge von Todes wegen nach meinem Tod das deutsche Recht. Mein gesamter Nachlass soll nach deutschem Recht vererbt werden, auch soweit ausländisches Vermögen vorhanden sein sollte. Diese Rechtswahl soll auch dann weiterhin Gültigkeit haben, wenn ich meinen Wohnsitz oder letzten gewöhnlichen Aufenthalt im Ausland habe.

II. Erbeinsetzung

Zu meinen Erben setze ich meine drei Kinder zu gleichen Teilen ein.

Für den Fall, dass eines meiner Kinder vor mir versterben oder aus anderen Gründen als Erbe entfallen sollte, treten an seine Stelle zu gleichen Teilen seine Abkömmlinge nach Stämmen. Sind keine Abkömmlinge vorhanden, tritt Anwachsung ein.

III. Vermächtnis

Die vor oder nach meinem Ableben geborenen oder gezeugten und geborenen Enkelkinder einschließlich adoptierter und nichtehelicher Abkömmlinge, erhalten von mir ein Zweckvermächtnis gem. §§ 2151 ff., 2156 BGB in Form eines Sachvermächtnisses (Vermächtnis durch Sachzuwendungen).

Zweck des Vermächtnisses gemäß den §§ 2156, 2153, 2151 BGB ist es, allen oder einzelnen Vermächtnisnehmern

- eine möglichst optimale, wirtschaftlich sinnvolle und streitvermeidende Vermögensverteilung zu erreichen,
- die Ausnutzung oder das Überschreiten der erbschaftsteuerlichen Freibeträge im Verhältnis zu den Enkelkindern,
- die Steuerprogression abzumildern.

Meine Kinder haben ein umfassendes Bestimmungsrecht. Ist eines der Kinder nicht mehr in der Lage dieses auszuüben, weil dieses geschäftsunfähig oder vor Ausübung des Bestimmungsrechts verstorben ist, soll der von mir benannte Testamentsvollstrecker das Bestimmungsrecht ausüben.

Sie sind berechtigt, die von ihnen geschuldete Leistung nach billigem Ermessen zu bestimmen, sie können den Gegenstand, die Bedingungen und den Zeitpunkt der Leistungen festlegen (§ 2156 BGB) sowie bestimmen, wer aus dem Kreis der vorgenannten Vermächtnisnehmer etwas erhält (§ 2151 BGB), ob diese etwas erhalten und was sowie wann der jeweils Bedachte etwas erhält (§§ 2151, 2156 BGB). Sie haben eine Ersetzungsbefugnis inne, wonach das Vermächtnis durch Sachleistung auch durch eine Geldzahlung erfüllt werden kann.

Das Vermächtnis fällt mit meinem Tod an. Der Zeitpunkt der Erfüllung ist jedoch gemäß § 2181 BGB in das freie Belieben der Beschwerten gestellt; sie können das Vermächtnis auch durch mehrere zeitlich auseinanderfallende Einzelleistungen erfüllen. Die Erben haben die Zeit der Erfüllung des Vermächtnisses so zu bestimmen, dass die Erfüllung innerhalb von 3 Jahren nach meinem Tod erfolgt. Das Vermächtnis wird erst mit Ausübung der Wahlmöglichkeiten fällig.

Jeder Vermächtnisnehmer hat alle Kosten, welche mit der Erfüllung des jeweiligen Vermächtnisses verbunden sind, zu tragen.

Im Wege des Untervermächtnisses wird jeder Vermächtnisnehmer verpflichtet, bis zur Fälligkeit seines Anspruchs weder eine Sicherung zu verlangen noch selbst durchzusetzen. Ferner wird derjenige meiner Enkelkinder, der beim Nachlassgericht einen Antrag stellt, den Erben eine Frist zur Bestimmung des Begünstigten oder der Anteile der Begünstigten zu setzen, als Vermächtnisnehmer ausgeschlossen.

Alle Enkelkinder sollen untereinander wertmäßig vergleichbare Vermächtnisgegenstände erhalten. Die Erben sollen einzeln entscheiden, ob die jeweiligen Abkömmlinge von ihnen, ihre Vermächtnisse direkt erhalten oder diese erst mit der Volljährigkeit zur freien Verfügung stehen und bis dahin durch einen Elternteil treuhänderisch verwaltet werden sollen.

IV. Testamentsvollstreckung

Für meinen Nachlass ordne ich die Testamentsvollstreckung an. Zum Testamentsvollstrecker werden Herr ***, ersatzweise Frau ***, beide geschäftsansässig *** Hamburg benannt. Die Tätigkeit des Testamentsvollstreckers ist diesem nach Zeitaufwand mit seinen üblichen Stundensätzen von mind. netto *** zu Lasten des Nachlasses zu vergüten. Der Testamentsvollstrecker ist berechtigt, diese Vergütung für sich selbst einzuziehen.

V. Erbschaftsteuer

Eine etwaig anfallende Erbschaftsteuer hat jeder Begünstigte selbst zu tragen.

Ort, Datum:..............::::::.............. Unterschrift:....................................

B. Ergebnis

Nunmehr sind die zu Beginn aufgeworfenen Fragen zu beantworten: Ist das Supervermächtnis ein Gestaltungselement der Superlative und ist die Bezeichnung als SUPERVermächtnis gerechtfertigt und geeignet?

Nüchtern betrachtet, stellt sich das Supervermächtnis als die Kumulierung mehrerer Vermächtnisarten bzw. von Drittbestimmungsrechten bei der Gestaltung von Testamenten dar, welche dem Testierenden eine hohe Flexibilität und eine steueroptimierte Gestaltung ermöglicht.

In der Literatur wird diese Gestaltung kontrovers diskutiert, hoch gelobt und harsch kritisiert. Kanzleiter bezeichnet den Begriff des Supervermächtnisses „mit seiner positiven Ausstrahlung [...] [als] einen Geniestreich des Marketings im Bereich der Beratung bei Verfügung von Todes wegen"[213]. Das mag sein, im Begriff SUPERvermächtnis steckt eine kleine Provokation und eine starke Wertung, welche hervorsticht, gar untypisch ist, im Gegensatz zu oft objektiven und sachlichen Bezeichnungen von Testamentsgestaltungen.

In der Gesamtschau lässt sich festhalten, dass die Gestaltung des Supervermächtnisses eine Anpassungsfähigkeit in sich trägt, die ihresgleichen sucht. Der Testierende hat die Möglichkeit, ein Testament zu erhalten, welches Jahrzehnte überdauern mag, ohne Anpassungen vornehmen zu müssen, welches sich wie selbstverständlich auf Familienzuwächse, wirtschaftliche

---

213 *Kanzleiter* in FS Brambring, 225, 225.

Veränderungen und ähnliches einstellt, ganz im Gegenteil zu vielen starren Testamentsgestaltungen.

Des Weiteren können Eheleute gemeinsam ihren letzten Willen verfassen, ihre gemeinsamen Abkömmlinge bedacht wissen und gleichermaßen dem Längerlebenden so viel Freiheit schenken, sein Leben nach seinen Wünschen zu gestalten, ohne in finanziellen oder emotionalen Druck zu geraten. Die Erhaltung der Entscheidungsprärogative des Längerlebenden stellt für die testierenden Eheleute oft einen maßgebenden Punkt dar.

Ferner sind die offenkundigen wirtschaftlichen Vorteile, insbesondere das immense Einsparpotential bei der Erbschaftsteuer, zu nennen. Besondere Wirkungsfähigkeit hat hier die doppelte Supervermächtnisgestaltung.[214]

Die zivilrechtliche Wirksamkeit des Supervermächtnisses ist gegeben.

Entscheidend ist letztlich, auch zur Beantwortung der aufgeworfenen Fragen, dass das Supervermächtnis für Ehegatten, Unternehmer und Einzelpersonen ein Gestaltungselement der Superlative darstellen kann, aber nicht muss. Maßgebend ist die Betrachtung des Einzelfalls und die Individualität der Testierenden, hinsichtlich ihrer Persönlichkeit, der wirtschaftlichen Situation und der Familienstruktur. Ein empathischer Umgang mit den Mandanten, gepaart mit dem Ergründen der individuellen Bedürfnisse und die fachlichen Kenntnisse über die rechtlichen Möglichkeiten, kann die Empfehlung eines Supervermächtnisses begründen und stellt dann die optimale Testamentsgestaltung dar.

Verfehlt wäre die Annahme, dem Supervermächtnis einen Ruf als Allzweck-Waffe testamentarischer Gestaltung nachzusagen. Teilweise kann diese Gestaltung Mandaten überfordern, ein hoher Entscheidungsspielraum nicht gewünscht und das finanzielle Interesse zweitrangig sein.

Abschließend zu der Begrifflichkeit *Supervermächtnis*: „Super" bedeutet laut Duden „sehr gut, großartig, hervorragend"[215]. Das Supervermächtnis ist hervorragend und besonders in seiner Gestaltung. Ein alternativer Begriff wie etwa Variabilitätsvermächtnis ist inhaltlich wohl treffend, aber würdigt die Besonderheit des Supervermächtnisses nicht ausreichend.

Der nunmehr als etabliert anzusehende Begriff „Supervermächtnis" mag die Kritiker provozieren, ist aber eine treffende Bezeichnung dieser äußerst spannenden und reizvollen Testamentsgestaltung.

---

214   Vgl. Teil III A. I. k) cc) Variante 2 Formulierungsvorschlag der Autorin.
215   www.duden.de, Suchbegriff: „super".

Literaturverzeichnis

Archilles, Alexander / Spahn, Peter / Gebhard, Albert, Protokolle der Kommission für die zweite Lesung des Entwurfs des Bürgerlichen Gesetzbuchs, Band V, Berlin 1897 zitiert: Protokolle, V

Bamberger, Heinz Georg / Roth, Herbert / Hau, Wolfgang / Poseck, Roman (Herausgeber), Beck'sche Online-Kommentare, Bürgerliches Recht, 65. Edition, München 2023 zitiert: BeckOK BGB / *Bearbeiter*

Beckervordersandfort, Ansgar / Bock, Merle, Sockelvermächtnis mit aufgesetztem Supervermächtnis als Gestaltungsalternativen zum klassischen Supervermächtnis (Teil 1), ZErb 2020, 81–84

Dieselben, Sockelvermächtnis mit aufgesetztem Supervermächtnis als Gestaltungsalternativen zum klassischen Supervermächtnis (Teil 2), ZErb 2020, 117–121

Bredemeyer, Dieter, Praxisrelevante Fälle zum Vermächtnisrecht, ZErb 2017, 343–350

Brüggemann, Gerd, Testamentsgestaltung: Vermächtnisanordnung als Gestaltungsmittel: Das Supervermächtnis als „Königsweg"?, ErbBstg 2020, 228–235

Burandt, Wolfgang / Rojahn, Dieter, Beck'sche Kurzkommentare, Erbrecht, Band 65, 3. Auflage, München 2019 zitiert: Burandt / Rojahn / *Bearbeiter*

Damrau, Jürgen / Tanck, Manuel, Praxiskommentar Erbrecht, 4. Auflage, Bonn 2020 zitiert: Damrau / Tanck / *Bearbeiter*

Ebeling, Jürgen, Korrekturvermächtnisse im Berliner Testament und deren erbschaftsteuerliche Folgen, ZEV 2000, 87–90

Enzensberger, Florian, Testamente für Geschiedene und Patchworkehen, 4. Auflage, Bonn 2017 zitiert: Enzensberger/ *Bearbeiter*

Erkis, Gülsen / Thonemann-Micker, Susanne, Beck'sche Online-Kommentare, Erbschaftsteuergesetz, 18. Edition, München 2023 zitiert: BeckOK ErbstG / *Bearbeiter*

Everts, Arne, Berliner Testament und Rettung erbschaftsteuerlicher Freibeträge – Ist der Gestaltungsspielraum wirklich enger geworden?, NJW 2008, 557–559

Firsching, Karl / Graf, Lothar / Krätzschel, Holger / Falkner, Melanie / Döbereiner, Christoph, Nachlassrecht, 12. Auflage, München 2022 zitiert: Firsching / Graf / *Bearbeiter*

Gemmer, Jürgen, Musterformulierung: Das Supervermächtnis – ein äußerst attraktives Steueroptimierungsmodell, ErbBstg 2022, 60–63

Gockel, Rüdiger, Notar Formulare Sonderfälle Testamentsgestaltung, 2. Auflage Bonn 2018 zitiert: Gockel -Notar Formulare Testamentsgestaltung / *Bearbeiter*

Gottwald, Uwe, Vermächtnis: Der Kombinierer: das Zweckvermächtnis auch als sog. Supervermächtnis, EE 2018, 47–51

Grüneberg, Christian, Bürgerliches Gesetzbuch, Beck'sche Kurz-Kommentare, 82. Auflage, München 2023 zitiert: Grüneberg / *Bearbeiter*

Gsell, Beate / Krüger, Wolfgang / Lorenz, Stephan / Reymann, Christoph, beck-online.Grosskommentar zum Zivilrecht, München 2021 zitiert: BeckOGK / *Bearbeiter*

Hartmann, Christian, Das Vorvermächtnis mit Vorerbschaftswirkung, ZEV 2007, 458–463

Derselbe, Ein super Vermächtnis – die Zulässigkeit des sog. Supervermächtnisses und die Möglichkeit seiner Gestaltung, RNotZ 2022, 469–477

Herberger, Maximilian / Martinek, Michael / Rüßmann, Helmut / Weth, Stephan / Würdiger, Markus, juris Praxis Kommentar BGB, Band 5: Erbrecht, 9. Auflage, Saarbrücken 2020 zitiert: jurisPK/ *Bearbeiter*

Herrler, Sebastian, Münchener Vertragshandbuch, Bürgerliches Recht II, Band 6., 8. Auflage, München 2020 *zitiert:* Herrler / *Bearbeiter*, XII. Testament

Derselbe, Erbschaftsteuerliche Behandlung eines Zweckvermächtnisses ("Supervermächtnis") – ErbStG §§ 3, 9, 10, 6; BGB §§ 2151, 2156, DNotI-Report, Heft 1 / 2010, 3–5

Hölscher, Nikolas, § 2307 BGB: Unerkanntes Risiko für das frühzeitige Unternehmertestament?, ZEV 2016, 676–682

Kanzleiter, Rainer, Verdient das "Supervermächtnis" diese Bezeichnung?, Festschrift für Günter Brambring zum 70. Geburtstag, München 2011, 225–234

Derselbe, Das Berliner Testament: immer aktuell und fast immer ergänzungsbedürftig, ZEV 2014, 225–323

Keim, Christopher, "Super" oder "(super) falsch"? – Das "Supervermächtnis" zur Erbschaftsteuerersparnis beim Berliner Testament, ZEV 2016, 6–14

Keller, Überlegungen zum Ehegattentestament, FHZivR 16 Nr. 3106

Klein, Franz / Orlopp, Gerd, Abgabenordnung einschließlich Steuerstrafrecht Kommentar, 16. Auflage, München 2022 zitiert: Klein / *Bearbeiter*

Kollmeyer, Daniel, Unternehmensnachfolge und Geschwisterabfindung durch Bestimmungs- und Zweckvermächtnisse in der Praxis, NJW 2017, 3271–3274

Krauß, Hans-Frieder / Weise, Stefan, Beck'sche Online-Formulare Vertrag, 63. Edition, München 2023 zitiert: BeckOF / *Bearbeiter*

Kroiß, Ludwig / Ann, Christoph / Mayer, Jörg, Nomoskommentar, BGB Erbrecht, Band 5, 5. Auflage, Baden-Baden 2018 zitiert: Kroiß / Ann / Mayer/ *Bearbeiter*

Kurth, Steffen, Folgen des Todes oder der Geschäftsunfähigkeit des Bestimmungsberechtigten beim Supervermächtnis, ZEV 2021, 357–362

Lange, Heinrich / Kuchinke, Kurt, Lehrbuch des Erbrechts, 5. Auflage, München 2001 zitiert: *Lange / Kuchinke*

Langenfeld, Gerrit, Testamentsgestaltung und Steuerrecht: Das Berliner Testament mit Supervermächtnis, JuS 2002, 351–353

Derselbe, In der Testamentsgestaltung lebt das Erbrecht, ZEV 2007, 453–458

Lippross, Otto-Gerd / Wolfgang, Seibel, Basiskommentar Steuerrecht, 136. Ergänzungslieferung, Köln 2023 zitiert: Lippross / Seibel / *Bearbeiter*

Mayer, Jörg, Das zwecklose Zweckvermächtnis – Möglichkeiten und Grenzen der Drittbestimmung bei Vermächtnis, MittBayNot 1999, 477–452

Derselbe, Erbschaftsteuersparen um jeden Preis? Testamentsklauseln auf dem Prüfstand (Teil I), DStR 2004, 1371–1376

Derselbe, Erbschaftsteuersparen um jeden Preis? Testamentsklauseln auf dem Prüfstand (Teil II), DStR 2004, 1409–1414

Derselbe, Ausgewählte Probleme des Vermächtnisses, ErbR 2011, 322–337

Meincke, Jens Peter, Entstehung der Erbschaftsteuer bei Erwerb betagter Forderungen (ausstehender Lebensversicherungsleistungen), Anm. zum BFH, Urteil vom 27. 8. 2003 - II R 58/01, ZEV 2004, 35–37

Meincke, Jens Peter / Hannes, Frank / Holtz, Michael, Erbschaftsteuer- und Schenkungssteuergesetz, Kommentar, 17. Auflage, München 2018 zitiert: Meincke / Hannes / Holtz

Motive zu dem Entwurf eines Bürgerlichen Gesetzbuches für das Deutsche Reich, Band V: Erbrecht, Berlin 1888 zitiert: Motive zum BGB, V,

Nieder, Heinrich (Begründer) / Kössinger Reinhard, Handbuch der Testamentsgestaltung, 6. Auflage, München 2020 zitiert: Nieder / Kössinger – Testamentsgestaltung / *Bearbeiter*

Oertzen, Christian / Lindermann, Florian, Das Supervermächtnis: Ein postmortales Gestaltungsinstrument der Nachfolgeplanung, ZEV 2020, 144–148

Piltz, Detlev J., Steuerliche Flexibilität nach dem Tode durch offene Vermächtnisse, ZEV 2005, 469–473

Reich, Manfred, Gestaltungen im neuen Unternehmenserbschaftsteuerrecht, DStR 2016, 2447–2453

Säcker, Franz Jürgen / Rixecker, Roland / Oetker, Hartmut / Limperg, Bettina (Herausgeber), Münchener Kommentar zum Bürgerlichen Gesetzbuch, 9. Auflage, München 2021 zitiert: MüKoBGB / *Bearbeiter*

Scherer, Stephan, Münchener Anwaltshandbuch Erbrecht, 5. Auflage 2018 zitiert: Scherer / *Bearbeiter*

Schmidt, Siegfried, Ehegattentestament und Neues Erbschaftsteuerrecht, BWNotZ 1998, 97–101

Schulze, Reiner (Schriftleitung), Bürgerliches Gesetzbuch Handkommentar, 10. Auflage, Baden-Baden 2019 zitiert: HK-BGB / Bearbeiter

Steiner, Anton, Praxis-Handbuch Erbrechtsberatung, 5. Auflage, Köln 2019 zitiert: Steiner / *Bearbeiter*

Steiner, Claus, Erbschaftsteuerliche Probleme beim „Berliner Testament", ZErb 2015, 165–168

Streppel, Thomas P., Einfach super? Das Supervermächtnis: Kollateralwirkungen und Optimierungsmöglichkeiten, DNotZ 2021, 259–275.

Uricher, Elmar, Erbrecht, 4. Auflage, Baden-Baden 2020 zitiert: Uricher / *Bearbeiter*

von Staudinger, Julius (Begründer), Kommentar zum Bürgerlichen Gesetzbuch, Buch 5 Erbrecht Einleitung Erbrecht: §§ 1922–1966, Berlin 2017 zitiert: Staudinger / *Bearbeiter* (2017)

von Staudinger, Julius (Begründer), Kommentar zum Bürgerlichen Gesetzbuch, Buch 5 Erbrecht §§ 2064–2196, Berlin 2019 zitiert: Staudinger / *Bearbeiter* (2019)

von Staudinger, Julius (Begründer), Eckpfeiler des Zivilrechts, 8. Auflage, Berlin 2022 zitiert: Staudinger, Eckpfeiler / *Bearbeiter*

Wachter, Thomas, Supervermächtnis und Testamentsvollstreckung – zugleich Anm. zu OLG Hamm, Beschl.v. 16.08.2018 – 15 W 256/18, ErbR 2019, 621–624

Weber, Klaus: Creifelds, Rechtswörterbuch, 29. Edition, 2022 zitiert: *Bearbeitung* / Creifelds Rechtswörterbuch

Westermann; Peter / Grunewald, Barbara / Maier-Reimer, Georg (Herausgeber), Erman BGB, Kommentar, Band II, 16. Auflage, Köln 2020 zitiert: Erman / *Bearbeiter*

Abkürzungsverzeichnis

Anm.	Anmerkung
AO	Abgabenordnung
BayObLG	Bayerische Oberste Landesgericht
BewG	Bewertungsgesetz
BGB	Bürgerliches Gesetzbuch
BFH	Bundesfinanzhof
BGH	Bundesgerichtshof
BVerfG	Bundesverfassungsgericht
DM	Deutsche Mark
EU	Europäische Union
ErbStG	Erbschaftsteuergesetz
EStG	Einkommensteuergesetz
EWR	Europäischer Wirtschaftsraum
Form.	Formular
GG	Grundgesetz
GmbHG	Gesetz betreffend die Gesellschaften mit beschränkter Haftung
HeimG	Heimgesetz
HGB	Handelsgesetzbuch
InsO	Insolvenzordnung
OLG	Oberlandesgericht
RG	Reichsgericht
UStG	Umsatzsteuergesetz
ZPO	Zivilprozessordnung

Schriftenreihe zum deutschen und internationalen Erbrecht

Herausgegeben von Christina Eberl-Borges und Rudolf Meyer-Pritzl

Band 1 — Tina Meyer-Dulheuer: Gestaltungsformen des Behindertentestamentes. Unter besonderer Betrachtung der Vermächtnislösung und des Berliner Testamentes. 2009.

Band 2 — Anna-Kathrin Schwedler: Die ärztliche Therapiebegrenzung lebenserhaltender Maßnahmen auf Wunsch des Patienten. Ein Rechtsvergleich zwischen Deutschland und Frankreich unter besonderer Berücksichtigung des Patientenverfügungsgesetzes in der Bundesrepublik Deutschland. 2010.

Band 3 — Miriam Hollstein: Die Nichtigkeit letztwilliger Verfügungen wegen Verstoßes gegen das gesetzliche Verbot aus § 14 Abs. 1, 5 HeimG vor und nach der Föderalisierung des Heimrechts. 2011.

Band 4 — Ansgar Kregel-Olff: Der Einfluss der Europäischen Menschenrechtskonvention und der Rechtsprechung des Europäischen Gerichtshofs für Menschenrechte auf das deutsche Erbrecht. 2011.

Band 5 — Karl Ehler: Vom nachlassgerichtlichen Vermittlungsverfahren zum Konsiliarverfahren bei der Auseinandersetzung von Erbengemeinschaften. 2013.

Band 6 — Ove Reinbender: Sozialhilferegress nach Grundbesitzübertragung in vorweggenommener Erbfolge unter Vorbehalt eines dinglichen Wohnrechts. 2014.

Band 7 — Christina Eberl-Borges/ Wang Qiang (Hrsg.): Erbrecht in der VR China. Die aktuelle Entwicklung im Rahmen des Aufbaus der Privatrechtsordnung. 2015.

Forschungen zum deutschen und internationalen Erb- und Familienrecht

Band 8 — Simon-Martin Banck: Die Unterbeteiligung als Gestaltungsinstrument der Unternehmensnachfolge. Eine Arbeit über die Regelung der Unternehmensnachfolge in mittelständischen Familienunternehmen in der Bundesrepublik Deutschland. 2016.

Band 9 — Sarah Jasmin Rüegg: Familiengerichtliche Maßnahmen bei Gefährdung des Kindeswohls aufgrund religiös motivierten Verhaltens der Eltern. Ein Vergleich von deutschem und australischem Recht unter besonderer Berücksichtigung aktueller Fallgruppen aus der Rechtsprechung. 2017.

Band 10 — Saskia Ballon: Die Annahme, Ausschlagung und Erfüllungswirkung von Vermächtnissen bei beschränkt Geschäftsfähigen. 2018.

Band 11 — Areso Asmatyar: Die Ersatzmutterschaft im Rechtsvergleich zwischen den Rechtsordnungen in Deutschland, Indien, Kalifornien und England. 2019.

www.peterlang.com